政治关联对民营企业盈余管理的影响研究

张多蕾　著

中国财经出版传媒集团
经济科学出版社
Economic Science Press

图书在版编目（CIP）数据

政治关联对民营企业盈余管理的影响研究/张多蕾著．
—北京：经济科学出版社，2017.5
ISBN 978-7-5141-8071-8

Ⅰ.①政… Ⅱ.①张… Ⅲ.①民营企业-上市公司-研究-中国 Ⅳ.①F279.245

中国版本图书馆 CIP 数据核字（2017）第 110992 号

责任编辑：黄双蓉
责任校对：靳玉环
版式设计：齐 杰
责任印制：邱 天

政治关联对民营企业盈余管理的影响研究
张多蕾 著
经济科学出版社出版、发行 新华书店经销
社址：北京市海淀区阜成路甲 28 号 邮编：100142
总编部电话：010-88191217 发行部电话：010-88191522
网址：www.esp.com.cn
电子邮件：esp@esp.com.cn
天猫网店：经济科学出版社旗舰店
网址：http://jjkxcbs.tmall.com
固安华明印业有限公司印装
787×1092 16 开 10.5 印张 180000 字
2017 年 5 月第 1 版 2017 年 5 月第 1 次印刷
ISBN 978-7-5141-8071-8 定价：45.00 元
（图书出现印装问题，本社负责调换。电话：010-88191510）

前言

目前，我国改革已进入深水区，转变政府职能已经成为最难啃的“骨头”。党的十八大报告指出“深入推进政企分开、政资分开、政事分开、政社分开，建设职能科学、结构优化、廉洁高效、人民满意的服务型政府”。这凸显了中央对转变政府职能的决心。但改革不可能一蹴而就，政府“有形之手”归位还有待时日，政府仍然在社会经济中起着主导作用，仍然充当着社会资源分配者的角色。因此，为了获得经济资源和政策支持，通过构建政治关联拉近与政府的关系便成为很多企业的战略选择。相对于国有企业而言，我国民营企业位于体制性主从次序的末端，在市场竞争中始终处于劣势地位，因此民营企业更有动机通过构建政治关联改善自身的经营环境。可见，研究我国民营企业的政治关联现象更具有现实意义。

事实上，我国民营企业政治关联现象已经非常普遍，民营企业家通过参选党代表、人大代表、政协委员参政议政已经蔚然成风，或者通过雇用现任或前任政府官员到公司任职也已经屡见不鲜。大量研究表明，民营企业通过构建政治关联可以获得资源配置和产权保护等方面的好处，并最终对企业价值产生影响。但以往的研究遵循“政治关联→资源配置/产权保护→民营企业价值”这一逻辑思路，而忽视了会计信息这一中间变量的重要作用。会计信息不仅是企业价值评估的重要参数，而且也是资源配置和产权界定的重要依据，而盈余管理又是影响会计信息质量的重要因素。综合以上，我们认为政治关联影响民营企业价值的完整逻辑思路应该是“政治关联→盈余管理→会计信息质量→资源配置/产权保护→民营企业价值”。因此，从这一逻辑思路的起点出发，研究政治关联对盈余管理的影响，对理顺政治关联通过影响资源配置/产权保护，进而影响企业价值的传递机制，无疑将具有重要的理论与现实意义。

本书在对相关文献进行梳理、归纳和评述的基础上，系统运用声誉理论、资源依赖理论以及产权理论等理论体系，采用规范研究和实证研究相结合的方法，以深圳中小板2009~2012年民营上市公司为研究对象，对政治关联是否影响以及如何影响盈余管理进行全面深入研究。具体而言，首先，根植于中国制度背景，深入分析我国民营企业在不同发展阶段的政策法规背景、基本发展情况以及政治关联状况；其次，综合运用声誉理论、资源依赖理论，以及产权理论等理论体系，系统阐述政治关联对民营企业盈余管理的影响机制；再次，深入研究政治关联的本质特征，分析政治关联现有度量方法的优缺点，在此基础上运用层次分析法（AHP）构建民营企业政治关联指数模型；然后，引入市场化程度变量，采用陆建桥（1999）的扩展Jones模型度量盈余管理程度，检验政治关联对民营企业盈余管理程度的影响；之后，采用陆建桥（1999）扩展Jones模型以及罗伊乔杜里（Roychowdhury，2006）、李彬等（2009）的真实活动操控模型，分别度量应计盈余管理和真实盈余管理，检验政治关联对民营企业盈余管理方式的影响；最后，在理论分析和实证研究的基础上，得出研究结论并提出政策建议。

本书通过研究主要得出以下研究结论和观点：

（1）我国民营企业在不同的发展阶段，政治关联呈现出不同的特点：在迅速萎缩阶段（1949~1956年），出现了最早的一批民营企业家通过政协会议参政议政，后来随着社会主义改造的推进，民营企业和民营企业家消失殆尽，政治关联现象也不复存在；在曲折复苏阶段（1978~1991年），民营企业因改革开放逐渐复苏，但期间国家政策有反复，民营企业一般采用“戴红帽子”的方式进行自我保护；在快速扩展阶段（1992～2001年），民营企业快速发展，政治关联主要体现为“戴红帽子”、官员下海，以及民营企业家通过参选人大代表、政协委员参政议政；在平稳发展阶段（2002年至今），民营企业平稳健康发展，政治关联主要体现为官员下海、民营企业家通过参选人大代表、政协委员以及党代表参政议政，而且很多民营企业家开始到各级党委、人大、政协任职。

（2）在深入分析已有文献的基础上，结合我国制度背景，发现政治关联具有层级性、累加性和时效性等本质特征，并指出以往度量方法的不足之处，在此基础上，结合我国民营企业公司治理特征构建政治关联指标体系，并借助层次分析法（AHP）和yaahp V6.0软件对各指标进行权重赋值，从而构建了一个民营企业政治关联指数模型，最后选择了2012年深圳中小板的10家具有政治关联的民营上市公司，应用构建的指数模型计算政治关联指数。结果显示，虽然这10家民营上市公司均具有政治关联，但各公司的政治关联指数存在显著差异，这说明政治关联确实存在强度差异，也进一步表明虚拟变量法、赋值法等传统方法无法有效度量政治关联的强度差异。

（3）利用我国深圳中小板民营上市公司2009～2012年间的经验数据，检验了政治关联对民营企业盈余管理程度的影响。研究结果表明，政治关联确实对盈余管理程度产生了正向影响，尤其在市场化程度较低的地区，政治关联对盈余管理程度的正向影响更为显著。具体而言，我国民营上市公司中政治关联现象比较普遍，而且相对于东部沿海地区，中西部地区政治关联现象更为普遍且强度更大；政治关联显著影响企业盈余管理程度，有政治关联的民营上市公司的盈余管理程度显著高于无政治关联的民营上市公司；政治关联具有强度差异，民营上市公司的政治关联强度越大，其盈余管理程度就越大；市场化程度对盈余管理程度有负向影响，但这种影响主要通过政治关联间接发挥作用，即市场化程度越低，民营上市公司的政治关联对盈余管理程度的影响越显著。

（4）利用我国深圳中小板民营上市公司2009~2012年间的经验数据，检验了政治关联对民营企业盈余管理方式的影响，验证了在政治关联的作用下，我国民营企业是否存在盈余管理方式的选择偏好。研究结果表明，民营企业政治关联强度越大，应计盈余管理程度就越高，而销售性操控程度、生产性操控程度、费用性操控程度，以及真实盈余管理总程度就越低。这说明我国民营上市公司确实存在盈余管理方式的选择偏好，在无政治关联的情况下，尤其在市场程度较高的地区，民营上市公司实施应计盈余管理受到很多约束，因此更倾向于选择真实盈余管理；而在有政治关联的情况下，尤其在市场化程度较低的地区，民营上市公司实施盈余管理受到较少约束，因此更倾向于选择应计盈余管理。

本书的主要创新之处有以下几点：第一，综合运用声誉理论、资源依赖理论，以及产权理论等理论体系，系统阐述政治关联对盈余管理的影响机制，从而在一定程度上丰富了政治关联与盈余管理关系的理论体系，为后续实证研究提供了理论支撑；第二，提出政治关联具有层级性、累加性和时效性等本质特征，分析政治关联现有度量方法的优缺点，在此基础上综合考虑我国制度背景以及民营企业公司治理特征，运用层次分析法（AHP）系统构建民营企业政治关联指数模型，拓展了政治关联度量方法；第三，引入市场化程度变量，综合运用陆建桥（1999）的扩展Jones模型以及罗伊乔杜里（2006）、李彬等（2009）的真实活动操控模型，分别检验政治关联对民营企业盈余管理程度以及盈余管理方式的影响，丰富和补充了政治关联与盈余管理关系的研究。

本书的局限性主要表现在：首先，由于政治关联指标体系的构建带有一定的主观性，而层次分析法（AHP）本身也是一种主观赋值的方法，在此基础上构建的民营企业政治关联指数模型也难免带有一定的主观性；其次，本书研究的民营企业政治关联都是显性的，是容易被识别的，但在现实中，除了显性政治关联外，还存在很多隐性政治关联，例如通过与政府官员的亲戚关系、朋友关系、同学关系或纯粹利益交换关系等构建的政治关联，这些政治关联都是非正式的、非公开的，是不易被识别的；最后，本书只研究了政治关联对民营企业盈余管理程度以及方式的影响，而限于篇幅未进一步研究政治关联对盈余管理产生影响的经济后果。这些不足之处希望在未来的研究中予以进一步补充和完善。

目　　录

第1章

绪　论

本章主要阐述本书的选题背景、理论意义与实用价值，进而对本书涉及的关键概念进行界定，并提出本书的研究目标与研究内容、研究方法与研究框架，最后指出本书的创新之处。

1.1　选题背景与意义

1.1.1　选题背景

政治关联现象在中国自古有之。回顾中国历史上声名显赫的四大商帮，我们会发现不论已几近销声匿迹的晋商和徽商，还是如今依然驰骋于商场的浙商和粤商，都试图通过各种途径与当时的政府建立亲密的关系。在中国盐业史上赫赫有名的大徽商江春，乾隆皇帝六下江南，都是他全权负责接待的，从而与乾隆家族结下了深厚的情谊，也为其筑造“盐业帝国”打下了坚实的人脉基础；徽商中另外一位代表性人物胡雪岩（也有人视其为浙商），与左宗棠、王有龄有着不同寻常的关系，其本人也被冠以“红顶商人”之美名；而在近代以票号生意闻名于世的晋商，比较有代表性的是渠家和乔家，前者和李鸿章、袁世凯有着紧密的联系，而后者和曾国荃、马玉昆有着非同一般的关系。还有浙商和粤商，在当时也都与政府以及官员有着千丝万缕的关系。

历代商人之所以热衷于与政府以及官员搞好关系，主要是因为在我国的传统文化中，“关系”早已深深地根植于其中。国学大师梁漱溟（1949）认为，与西方国家相比，中国并非个人本位或社会本位，而是一个关系本位的社会。我国传统思想中的“人”是社会的总和，对于“关系”的处理与运用贯穿我国社会发展始终。即使在现代商业中，“有关系，好办事”仍然是很多人信奉的商业法则。特别是目前我国正处于转型经济时期，虽然市场在不断完善，政府职能也在逐步转变，但政府依然掌握着大量社会资源的配置权。因此，企业要想获取生存与发展所需资源，同时要确保其经营成果（产权）的安全性，与政府搞好关系显得尤为关键。所以，通过各种途径构建政治关联，已经成为很多企业的重要战略选择。

然而目前在我国，虽然民营企业已经成为国民经济的重要支柱，但较之于国有企业在政策、资源、资金等方面得天独厚的优势，民营企业在资源配置上长期以来处于弱势，因此民营企业构建政治关联的动机更加强烈。当前，我国民营企业构建政治关联的主要途径是企业家通过参选各级人大代表、政协委员和党代表，通过参政议政的方式拉近与政府的距离。据胡润研究院统计，在2013年胡润百富榜前1000名上榜企业家中，有160位企业家拥有政治身份，约占总人数的1/6；上榜企业家中有全国人大代表84人，全国政协委员69人；前50名中，有30%的企业家拥有政治身份；前10名中，有50%的企业家拥有政治身份。此外，全国工商联第八次全国私营企业抽样调查报告显示，有51.1%的民营企业家担任了各级人大代表和政协委员，有28.3%的党员民营企业家担任了各级党代表。由此可见，民营企业政治关联现象目前在我国非常普遍。

相对于国有企业与政府之间具有天然的“血缘”关系，我国民营企业政治关联现象更值得关注和研究。近几年，借鉴国外研究经验，国内研究主要集中在政治关联对民营企业融资、税收、政府补贴、市场准入、多元化经营、产权保护等方面的影响，以及政治关联如何影响民营企业价值等范畴。事实上，不论是政治关联对民营企业资源配置/产权保护的影响，抑或政治关联对民营企业价值的影响，都离不开一个重要的中间变量——会计信息。这是因为会计信息，其本身作为一种重要的经济资源，不仅是企业价值评估的重要参数，而且也是社会资源配置和产权界定的重要依据。因此，会计信息质量关乎契约方对企业价值评估是否公允，社会资源配置是否合理，以及产权界定是否明晰。而影响会计信息质量的一个重要因素是盈余管理，研究表明，国内外上市公司均存在不同程度的盈余管理现象（陆正飞等，2008），上市公司盈余管理程度与信息披露质量之间存在显著的负相关关系（夏立军，2005）。

总结以上分析，我们认为，以往的研究遵循“政治关联→资源配置/产权保护→民营企业价值”这一逻辑思路，但忽视了会计信息在其中的重要作用；加入会计信息这一中间变量后，同时考虑到盈余管理对会计信息质量的影响，完整的逻辑思路应该为“政治关联→盈余管理→会计信息质量→资源配置/产权保护→民营企业价值”。因此，我们认为，研究政治关联与资源配置、产权保护、企业价值等主题的关系，不能忽略会计信息的中间变量作用；而研究政治关联对会计信息质量的影响，不能忽略盈余管理在两者之间的传递作用。因此，本书将结合中国转型经济背景，以我国民营上市公司为研究对象，研究政治关联对盈余管理的影响，这对理顺政治关联对资源配置、产权保护的影响，并最终对企业价值产生影响这一传递机制，无疑将具有重要的理论与现实意义。

1.1.2 理论意义

盈余管理是近几十年来财务会计领域最受青睐的主题之一，至今仍然方兴未艾。而政治关联也是近十多年来学术研究的热点问题，大有后来者居上之势。但从政治关联视角研究盈余管理，却是一个新兴领域，目前的研究成果寥寥无几。因此，本书的研究带有一定的前瞻性，其具有以下理论意义：

第一，为政治关联与资源配置、产权保护以及企业价值之间搭建了桥梁。已有研究侧重于企业如何通过政治关联获取更多的资源以及产权保护的便利，进而影响企业价值，而往往忽视了会计信息在这个过程中的作用。以资源配置为例，事实上，企业构建政治关联，并不意味着企业就能够直接获取资源，更多情况下企业获取资源仍然是以会计信息为依据的。例如银行贷款，不论企业构建何种政治关联，银行在审批贷款时总要有一定的契约要求，如资产负债率限制。而政治关联的作用在于当企业无法达到银行的契约条件时，为企业提供一定的盈余管理空间，通过实施盈余管理以达到银行的契约要求。因此，在政治关联对企业资源配置、产权保护或企业价值的影响过程中，会计信息并不是一个无关变量，而是一个非常重要的中间变量。本书的研究为政治关联与资源配置、产权保护以及企业价值之间搭建了桥梁。

第二，丰富了政治关联的理论体系和度量方法。已有研究更多注重实证检验，而较少关注企业构建政治关联的动机、作用机理、治理机制等，导致该领域出现“证据支持有余，而理论解释不足”的现象。本书将综合运用声誉理论、资源依赖理论，以及产权理论等理论体系，系统阐述政治关联对盈余管理的影响机制，从而在一定程度上丰富政治关联的理论体系，为该领域的实证研究提供理论支撑。此外，政治关联度量一直是难点问题，同时也是基础问题，度量方法是否有效将直接影响到该领域相关研究的进展和成果。本书深入分析政治关联的本质特征，提出政治关联具有层级性、累加性和时效性等本质特征，指出政治关联现有度量方法的缺点，在此基础上综合考虑我国制度背景以及民营企业公司治理特征，运用层次分析法（AHP）系统构建民营企业政治关联指数模型，从而丰富政治关联的度量方法。

第三，拓展了盈余管理的研究视角。已有文献更多从股权结构、治理结构、机构投资者、监管制度、会计准则、内部控制等视角研究企业盈余管理，而本书将根植于我国制度背景，从政治关联视角研究民营企业盈余管理，从而拓展了盈余管理的研究视角。而在仅有的几篇研究政治关联与盈余管理关系的文献中，侧重于检验政治关联对盈余管理程度的影响，却忽视了政治关联对盈余管理方式的影响。本书将首先引入市场化程度变量，研究在我国市场环境下政治关联对民营企业盈余管理程度的影响；然后从选择偏好视角，针对盈余管理的两种主要方式——应计盈余管理和真实盈余管理，检验政治关联是否对民营企业盈余管理方式产生影响，这进一步拓展了盈余管理的研究视角。

1.1.3 实用价值

党的十八大报告指出：“加快完善社会主义市场经济体制……更大程度、更广范围发挥市场在资源配置中的基础性作用，完善宏观调控体系，完善开放型经济体系，推动经济更有效率、更加公平、更可持续发展；经济体制改革的核心问题是处理好政府和市场的关系，必须更加尊重市场规律，更好发挥政府作用。”事实上，我国民营企业长期处于弱势的根本原因，就在于政府没有厘清与市场的关系，市场不能很好地发挥在资源配置中的基础性作用，很多资源的分配权仍然掌握在政府手中，而政府在行使这一权利的过程中，不可避免地遵循了“亲疏有别”的原则，结果扭曲了市场机制，阻碍了民营企业的发展。因此，民营企业构建政治关联的一个重要动机，就在于希望借此摆脱这种弱势地位，甚至于借此获得更多的“优惠待遇”。然而，倘若民营企业借助政治关联真的能够达到改善自身境遇的目的，那么也不难证实这同样是对市场机制的扭曲，因为其自身状况的改善并非得益于市场机制的完善，而是通过政治关联撬动了政府资源分配的天平，只不过倾斜程度发生了些许改变而已。

根据以上分析，本书的实用价值在于：遵循“政治关联→盈余管理→会计信息质量→资源配置/产权保护→民营企业价值”这一基本逻辑思路，通过检验政治关联是否对民营企业盈余管理产生影响，以及产生什么影响，进而判断政治关联是否扭曲了民营企业会计信息，是否损害了市场经济的公平竞争原则，是否阻碍了市场在资源配置中发挥基础性作用，针对研究结论提出相应的政策建议，从而有助于准则制定机构完善会计准则体系，促进民营企业会计信息质量的提高；有助于企业契约方有效识别民营企业构建政治关联的真实动机和经济后果，提高对民营企业会计信息质量和投资价值的判断能力；有助于引起政府对民营企业政治关联现象的重视，促进政府职能转变，更加尊重市场规律，更大程度、更广范围发挥市场在资源配置中的基础性作用；有助于转变民营企业家参政议政的动机，逐步减轻民营企业对政治关联的依赖程度，让民营企业逐渐成为公平的市场主体。

1.2 关键概念的界定

1.2.1 民营企业

从广义的角度而言，民营企业是指所有的非公有制企业，即除国有独资、国有控股外，其他类型的企业只要没有国有资本，均属民营企业。而从狭义的角度来看，民营企业仅指私营企业和以私营企业为主体的联营企业。由于受到传统共产主义反对私有制思想的影响，无论是私营企业的投资者、经营者、雇员或者有意推动私营企业发展的社会工作者，都倾向于使用中性概念的“民营企业”作为私营企业的别称。根据1998年国家统计局、国家工商行政管理局《关于划分企业登记注册类型的规定》：“私营企业是指由自然人投资设立或由自然人控股，以雇用劳动为基础的营利性经济组织。包括按照《公司法》、

《合伙企业法》、《私营企业暂行条例》规定登记注册的私营有限责任公司、私营股份有限公司、私营合伙企业和私营独资企业。”本书对民营企业的界定正是基于它的狭义含义，在具体操作上，凡是沿着产权控制链向上追溯到最终控制人为中国大陆自然人的企业均被界定为“民营企业”。[①]

1.2.2 政治关联

关于政治关联的内涵，学界一直没有形成统一意见。国外具有代表性的观点包括：赫瓦贾和米安（Khwaja & Mian，2005）认为，如果公司有董事参与国家或州的竞选，则视为具有政治关联；法西欧（Faccio，2006）认为，如果公司至少有一位大股东或高管是国会议员、政府部长，或者与某位高官或某政党保持密切联系，就可界定为具有政治关联；高曼等（Goldman et al.，2009）认为，董事会成员如果曾经担任过参议员、众议员、行政机关工作人员，或者担任过类似于中央情报局等机构的负责人，则被定义为具有政治关联。针对中国实际情况，陈等（Chen et al.，2005）认为，如果公司的董事长或者总经理是现任或前任的政府官员、现任或前任的人大代表、现任或前任的政协委员，则该公司具有政治关联；胡旭阳（2006）认为，如果企业的实际控制人当选人大代表或政协委员，则该公司具有政治关联；雷光勇等（2009）认为，如果公司的董事长或总经理具有在政府或军队的任职背景，或担任各级人大代表、政协委员，则该公司具有政治关联。借鉴上述定义，结合我国实际，本书对政治关联的概念做如下界定：若公司实际控制人、董事长、总经理、监事会主席以及其他高管[②]至少有一人满足以下条件，则公司具有政治关联：①现任或前任的政府官员；[③] ②现任或前任的中共党代会代表；③现任或前任的人大代表；④现任或前任的政协委员。

1.2.3 盈余管理

盈余管理包括应计盈余管理和真实盈余管理。关于应计盈余管理，代表性

---

① 连军. 政治关联对民营企业资源配置的影响研究［D］. 重庆大学，2012.

② 主要指除公司实际控制人、董事长、总经理以及监事会主席外，公司董事会、监事会和管理层中对企业经营决策和财务决策产生重要影响的其他成员。

③ 本书的“政府官员”是一个广义的概念，还包括执政党领导以及军队领导。

观点有：瓦茨和齐默尔曼（Watts & Zimmerman，1990）认为盈余管理是指管理层基于他们的判断影响会计数据的行为；戴维森等（Davidson et al.，1994）认为盈余管理是在一般公认会计原则（generally accepted accounting principles，GAAP）限制的范围内，为了将盈余调整到理想水平而实施的有步骤的行为过程。关于真实盈余管理，罗伊乔杜里（2006）的观点比较具有代表性，他认为真实盈余管理是对正常生产经营活动进行的过度的有偏操控，旨在影响财务报告结果以及利益相关者对经济业绩的判断。也有学者对上述两种盈余管理的内涵进行了整合：希利和瓦伦（Healy & Wahlen，1999）认为，盈余管理是企业管理层为了故意引导一些投资者对公司潜在业绩的错误理解，抑或为了影响以会计数据为基础的契约结果，而以会计手段和构造交易行为以改变对外财务报告时做出判断的过程；宁亚平（2004）基于企业价值角度，认为盈余管理是指企业管理者在相关法规允许的范围内进行利润操纵；或者是管理者通过重组经营业务活动以达到利润操纵目的，但这不以增加或损害企业价值为前提。结合上述定义，本书将盈余管理的概念区分为应计盈余管理和真实盈余管理，前者是指企业管理当局利用会计手段而实施的盈余操纵行为；而后者是指企业管理当局通过构造真实业务活动而实施的盈余操纵行为。

1.3　研究目标与研究内容

1.3.1　研究目标

通过本书的研究，希望达到以下目标：

第一，对中华人民共和国成立以来我国民营企业不同发展阶段的政策法规背景进行梳理，并对各个阶段民营企业基本发展情况进行统计分析，在此基础上，研究我国民营企业在不同发展阶段构建政治关联的状况；

第二，综合运用声誉理论、资源依赖理论，以及产权理论等理论体系，系统阐述政治关联对盈余管理的影响机制，希望能够丰富政治关联与盈余管理关系的理论体系，为后续实证研究提供理论支撑；

第三，在深入分析政治关联本质特征的基础上，综合考虑我国制度背景以及民营企业公司治理特征，运用层次分析法（AHP）系统构建政治关联指数模型，希望能够提高政治关联度量的精度，为政治关联相关研究奠定基础；

第四，引入市场化程度变量，采用陆建桥（1999）的扩展 Jones 模型度量盈余管理程度，检验政治关联对民营上市公司盈余管理程度的影响；

第五，采用陆建桥（1999）的扩展 Jones 模型以及罗伊乔杜里（2006）、李彬等（2009）的真实活动操控模型，分别度量应计盈余管理和真实盈余管理，检验政治关联对民营上市公司盈余管理方式的影响；

第六，针对实证研究结论，提出政策建议，希望有助于契约方正确认识民营企业政治关联现象，希望有助于政府厘清与市场的关系，减轻民营企业对政治关联的依赖程度，从而促进民营企业和市场经济的健康发展。

1.3.2 研究内容

本书力图根植于我国制度背景，系统回顾和梳理相关文献，综合运用声誉理论、资源依赖理论，以及产权理论等理论体系，系统阐述政治关联对民营企业盈余管理的影响机制；提出政治关联具有层级性、累加性和时效性等本质特征，分析政治关联现有度量方法的优缺点，综合考虑我国制度背景和民营企业公司治理特征，运用层次分析法（AHP）系统构建政治关联指数模型，并运用该模型计算我国民营上市公司政治关联指数；在上述研究基础之上，引入市场化程度变量，采用陆建桥（1999）的扩展 Jones 模型度量盈余管理程度，检验政治关联对企业盈余管理程度的影响；采用陆建桥（1999）扩展 Jones 模型以及罗伊乔杜里（2006）、李彬等（2009）的真实活动操控模型，分别度量应计盈余管理和真实盈余管理，检验政治关联对民营上市公司盈余管理方式的影响；最后得出研究结论并提出政策建议。

具体而言，本书共分为八章，各章主要研究内容如下：

第 1 章　绪论。本章首先阐述本书的选题背景、理论意义与实用价值，进而对本书涉及的关键概念进行界定，并提出本书的研究目标与研究内容、研究方法与研究框架，最后指出本书的创新之处。

第 2 章　文献综述。本章主要围绕政治关联、盈余管理，以及政治关联与盈余管理的关系三个主题，对与之相关的文献进行梳理、归纳和评述，以期为后续研究奠定基础。

第3章 民营企业发展的制度背景研究。本章主要针对中华人民共和国成立以来我国民营企业不同的发展阶段，对与民营企业有关的政策法规进行梳理，并对各个阶段民营企业基本发展情况和政治关联状况进行研究。

第4章 政治关联对民营企业盈余管理的影响机制研究。本章主要运用声誉理论、资源依赖理论，以及产权理论等理论体系，阐述民营企业构建政治关联的动机，并在此基础上进一步阐述了政治关联对盈余管理的影响机制。

第5章 民营企业政治关联指数模型设计研究。本章将深入研究民营企业政治关联的本质特征，综合考虑我国制度背景以及民营企业公司治理特征，借助层次分析法（AHP）和 yaahp V6.0 软件构建民营企业政治关联指数模型。研究结果表明：政治关联具有层级性、累加性以及时效性等本质特质；政治关联具有强度差异；政治关联指数模型在一定程度上可以有效度量政治关联的强度差异。

第6章 政治关联对民营企业盈余管理程度的影响研究。本章以 2009～2012 年间我国深圳中小板民营上市公司为研究对象，在充分考虑各地区市场化程度差异以及企业政治关联强度差异的基础上，研究政治关联对民营上市公司盈余管理程度的影响。研究结果表明：有政治关联的民营上市公司的盈余管理程度显著高于无政治关联的民营上市公司；民营上市公司的政治关联强度越大，其盈余管理程度就越大；市场化程度对盈余管理程度有负向影响，市场化程度越低，民营上市公司的政治关联对盈余管理程度的影响越显著。

第7章 政治关联对民营企业盈余管理方式的影响研究。本章以 2009～2012 年间我国深圳中小板民营上市公司的经验数据，检验了政治关联对民营企业盈余管理方式的影响，验证了在政治关联的作用下，我国民营企业是否存在盈余管理方式的选择偏好。研究结果表明：民营企业政治关联强度越大，应计盈余管理程度就越高，销售性操控、生产性操控、费用操控以及真实盈余管理总程度就越低，这说明在政治关联的作用下，民营企业更有机会和空间实施应计盈余管理，从而会更多地通过应计盈余管理实现其盈余目标，而不会轻易选择有损企业价值的真实盈余管理。

第8章 研究结论与政策建议。本章将对全书的研究成果进行归纳与总结，在此基础上对如何减少政治关联的负面作用提出政策建议，最后指出本书的局限性和未来可能的研究方向。

1.4 研究方法与研究框架

1.4.1 研究方法

本书将综合运用规范研究和实证研究方法，注重定性研究和定量研究的有效结合。

规范研究方法：将运用文献分析法对相关文献进行系统回顾和梳理，并归纳已有研究存在的问题，提出本书的主要研究目标；将运用历史分析法，对我国民营企业不同发展阶段的政策法规背景、基本发展情况以及政治关联状况进行系统研究；将综合运用声誉理论、资源依赖理论以及产权理论等理论体系，系统阐释政治关联对民营企业盈余管理的影响机制；将运用归纳和演绎的方法界定相关概念、分析政治关联的本质特征，以及得出本书研究结论并提出政策建议。

实证研究方法：运用层次分析法（AHP）系统构建民营企业政治关联指数模型，手工搜集深圳中小板民营上市公司实际控制人、董事长、总经理、监事会主席，以及其他高管的政治背景，并运用指数模型计算民营上市公司政治关联指数；将采用陆建桥（1999）的扩展 Jones 模型以及罗伊乔杜里（2006）、李彬等（2009）的真实活动操控模型，分别实证检验政治关联对民营企业盈余管理程度以及方式的影响。

1.4.2 研究框架

本书的研究框架如图 1－1 所示，主要分为问题提出、文献综述、制度背景、理论基础、实证检验和研究结论六个递进的研究层次。第一个层次主要从选题背景入手，阐述本书选题的理论意义与实际价值，并对本书关键概念进行界定，提出研究目标与研究内容、研究方法与研究框架；第二个层次对国内外相关文献进行梳理、归纳与评述；第三个层次对我国民营企业不同发展阶段的政策法规背景、基本发展情况以及政治关联状况进行研究；第四个层次分为两个部分，一部分运用声誉理论、资源依赖理论以及产权理论等理论体系系统阐述政治关联对民营企业盈余管理的影响机制，另一部分基于民营企业政治关联的本质特征，并结合我国制度背景以及民营企业公司治理特征构建政治关联指数模型，为后续实证研究提供理论支持；第五个层次采用实证研究的方法，检验政治关联对民营企业盈余管理程度以及方式的影响；第六个层次归纳研究结论，提出政策建议，指出本书的局限性并展望未来研究方向。

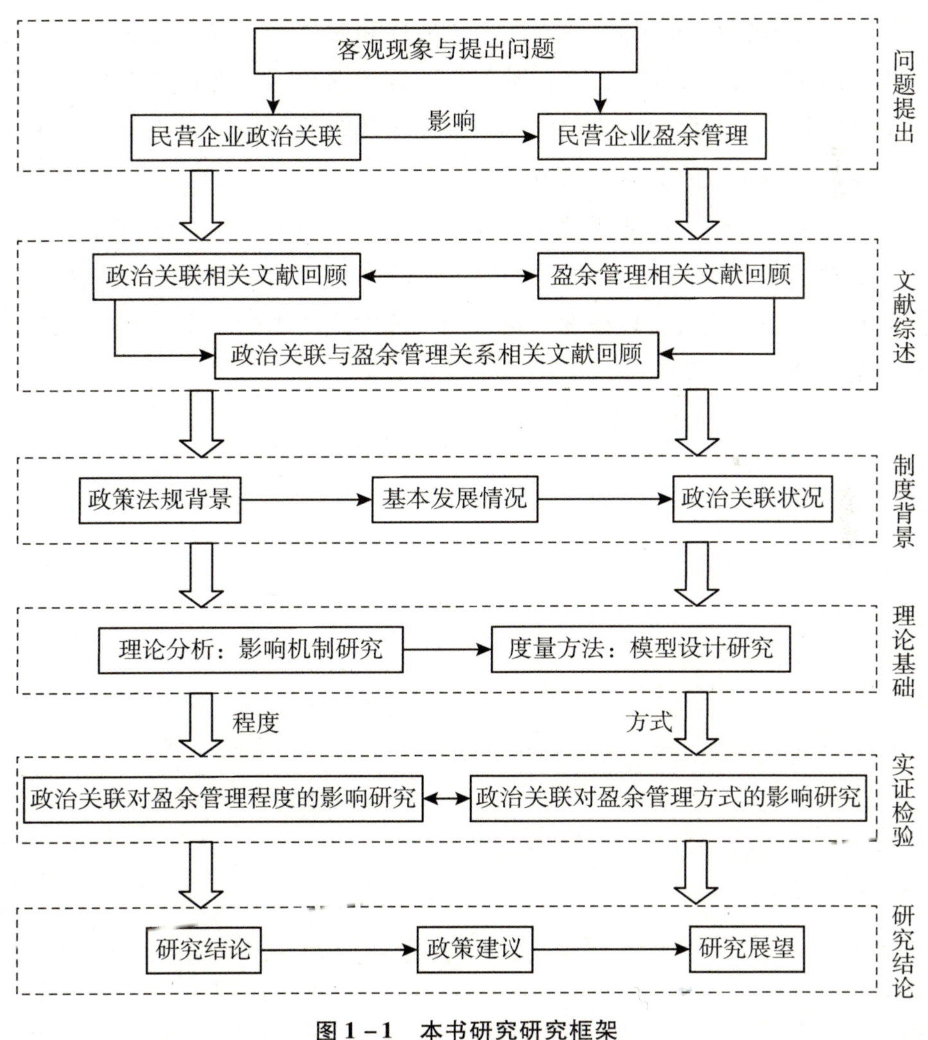

图1-1 本书研究研究框架

1.5 本书创新之处

第一，综合运用声誉理论、资源依赖理论，以及产权理论等理论体系，系统阐述政治关联的动机以及政治关联对盈余管理的影响机制，从而在一定程度上丰富政治关联与盈余管理关系的理论体系，为后续实证研究提供了理论支撑；

第二，提出政治关联具有层级性、累加性和时效性等本质特征，分析政治关联现有度量方法的优缺点，在此基础上综合考虑我国制度背景以及民营企业公司治理特征，运用层次分析法（AHP）系统构建我国民营企业政治关联指数模型，从而拓展了政治关联度量方法；

第三，引入市场化程度变量，综合运用陆建桥（1999）的扩展 Jones 模型以及罗伊乔杜里（2006）、李彬等（2009）的真实活动操控模型，分别检验政治关联对民营企业盈余管理程度以及盈余管理方式的影响，丰富和补充政治关联与盈余管理关系的研究。

第2章

文献综述

盈余管理是近几十年来的研究热点，而政治关联虽然引起学者们的瞩目相对较晚，但大有后来者居上之势。在这两个研究领域，学者们都已经取得了丰硕的研究成果。近些年来，有学者开始专注政治关联与盈余管理的关系研究，并取得了一些研究成果。本章主要围绕政治关联、盈余管理，以及政治关联与盈余管理的关系三个主题，对与之相关的文献进行梳理、归纳与评述，以期为后续研究奠定基础。

2.1 政治关联相关文献回顾

近年来，国内外学者围绕什么是政治关联、如何度量政治关联、企业为什么要构建政治关联、怎样构建政治关联，以及政治关联能对企业产生什么影响等问题进行了一系列研究。本节将围绕上述问题对国内外相关文献进行回顾和总结。

2.1.1 政治关联的内涵

菲斯曼（Fisman，2001）较早提出了政治关联这一概念，但未给出明确的定义，只是描述了印度尼西亚企业与前总统苏哈托（Suharto）家族的密切关系。赫瓦贾和米安（2005）认为，如果公司有董事参与国家或州的竞选，则视为具有政治关联。法西欧（2006）认为，如果企业不少于一位大股东或高级管理人员担任国会议员、政府部长，或者与政府高级官员、政党关系密切，就可界定为具有政治关联。伯特兰德等（Bertrand et al.，2007）认为，在法国只要企业的CEO毕业于精英学校，并且曾供职于政府或者是现任政府高官，则公司就具有政治关联。高曼等（2009）认为，董事会成员如果曾经担任过参议员、众议员、行政机关工作人员，或者担任过类似于中央情报局等机构的负责人，则被定义为具有政治关联。而肖恩（Shon，2006）、贾雅彻德伦（Jayachandran，2006）、奈特（Knight，2007），以及克拉森斯等（Claessens et al.，2008）将企业为政治人物提供政治献金视为具有政治关联。

范等（Fan et al.，2007）以中国企业为研究对象，认为公司CEO曾经或者现在供职于中央、地方政府部门或者军队则视为具有政治关联。陈等（Chen et al.，2005）认为，假如企业的董事长或者总经理是现任或前任的政府官员、人大代表、政协委员，则该公司具有政治关联。这一定义得到我国很多学者认同（余明桂和潘红波，2008；罗党论和甄丽明，2008；张兆国等，2011）。国内其他学者的定义也基本与范和陈等的定义类似：胡旭阳（2006）认为，民营企业的实际控制人如果是人大代表或者政协委员，则该民营企业就具有政治关联；雷光勇等（2009）认为，公司的董事长或总经理过去或者现在具有政府、军队、人大代表、政协委员背景，则该企业具有政治关联；邓建平和曾勇（2009）将政治关联界定为公司高层领导中具有人大代表或政协委员资格（县、市、省和全国）、具有曾经（现在）在政府工作背景。与上述定义不同的是，杨其静和杨继东（2010）以企业获取政府补贴作为政治关联企业的替代变量；李等（2008）认为私营企业家具有中共党员身份即为具有政治关联。

2.1.2 政治关联的度量

企业政治关联的内涵与政治关联的度量是密不可分的，由于学者们对政治关联的内涵有不同的理解，再加之政治关联不易观察、不易量化，导致目前关于政治关联的度量方法也是众说纷纭、莫衷一是。具体而言，基本包括以下观点：

1. 虚拟变量法

国外对于政治关联的度量主要采用虚拟变量法，即如果公司的高管曾有或者现有政治经历，则虚拟变量取值1，否则取值0（Faccio，2006；Fan et al.，2007；Boubakri et al.，2008）。虚拟变量法的优点是简单明了、可操作性强，因此国内很多学者也借鉴了这一方法（余明桂和潘红波，2008；胡永平和张宗益，2009；邓新明，2011；易玄等，2012）。

但是，虚拟变量法最大的缺点在于其“非此即彼”的度量结果过于绝对，无法度量不同企业政治关联的强度差异。因此，结合我国实际情况，我国很多学者对政治关联的度量方法进行了改进，由此延伸出以下方法：

2. 比例法

以企业高级管理人员中有政治身份的成员比例来度量政治关联，该比例越高，则该企业的政治关联强度就越大（陈冬华，2003；罗党论和刘晓龙，2009；邓建平和曾勇，2009）。

3. 赋值法

根据企业高级管理人员的政治身份的不同级别进行赋值，其政治身份级别越高，赋值也越高，则该企业政治关联强度也就越大（胡旭阳，2006；邓建平和曾勇，2009；杜兴强，2009）。

4. 指数法

李维安和邱艾超（2010）在充分借鉴中国公司治理指数（$CCGI^{NK}$）的基础上，依据公司治理层级的系统性原理，初步构建了反映中国民营上市公司综合政治关联的政治关联指数（Political Connections Index，PC指数）。

2.1.3 政治关联的动因

1. 便于债务融资

对于企业而言，资金是其生存的命脉，而债务融资是企业不可或缺的重要筹资途径之一。然而，这一途径并不是畅通无阻的，企业（尤其是民营企业）经常面临债务融资约束。企业构建政治关联，重要动因之一在于寻求债务融资的便利，缓解债务融资约束。国外已有大量的研究表明，相对于非政治关联企业，政治关联企业拥有更高的负债比例（Johnson & Mitton，2003；Chiu & Joh，2004；Cull & Xu，2005；Khwaja & Mian，2005；Faccio，2006），并且承担更低的债务成本（Sapienza，2004；Khwaja & Mian，2005）。而在新兴市场，政治关联更有助于企业获得银行贷款（Johnson & Mitton，2003；Khwaja & Mian，2005；Fraser et al.，2006；Claessens et al.，2007）。我国正是一个新兴市场，很多研究也表明，在这个新兴市场中，相对于无政治关联的企业而言，有政治关联的企业受到较少融资约束，更容易获得银行贷款（罗党论和甄丽明，2008；宁宇新和柯大钢，2009；连军等，2011），能取得更长的贷款期限（余明桂和潘红波，2008；郝项超和张宏亮，2011），以及承担更低的债务成本（张兆国等，2011；何靖，2011）。

2. 享受税收优惠

税收是企业的一项重要现金成本支出，享受税收优惠可以增加股东财富。鉴于各国税收法规都有一定的弹性空间，企业能否享受税收优惠，政府拥有很大的自由裁量权。而通过构建政治关联则在一定程度上可以有助于企业获取税收优惠。阿迪卡里等（Adhikari et al.，2006）对马来西亚上市公司进行研究后发现，政治关联公司的有效税率显著低于非政治关联公司，并且认为在以“关系为基础”而非以“市场为基础”的发展经济中，政治关联是有效税率的一个重要决定因素。法西欧（2007、2010）的跨国研究表明，政治关联公司实际税率平均值为29.67%，而非政治关联公司的实际税率平均值为32.7%，前者显著低于后者。吴文峰等（2009）以1999～2004年在沪、深两地上市的民营企业为样本，发现在税负较重的地区，高管具有政治背景的企业适用的以及实际的所得税税率都要显著低于高管不具有政治背景的企业，并且企业所在地区税负越重，企业通过高管政府背景获得的税收优惠也就越多。陶宝山和李亚萍（2012）以及吴等（Wu et al.，2012）的研究得出了类似的结论。

3. 获得政府补贴

政府补贴是政府基于一定时期的政治、经济方针政策，为了实现特定的目标，对特定行业或企业实行的一种财政性专项资金补贴，它是政府财政支出的重要构成部分。政府补贴是一种稀缺性资源，因此很多企业都希望获取这一资源，但并非所有的企业都能如愿以偿，政府补贴政策带有显著的倾向性，获得补贴的企业一般都是高科技企业，或者对促进当地就业有很大贡献的企业，以及是地区优先扶持发展的企业（王凤翔和陈柳钦，2006）。哪些企业有资格获得补贴，以及可以获得多少补贴最终取决于政府部门的自由裁量权，而自由裁量权的行使又带有一定的主观性，从而为企业通过政治关联获取补贴提供了自由空间。已有的研究表明，具有政治关联的企业更容易获得政府补贴，并且能够获得更多的政府补贴（陈冬华，2003；罗党论、唐清泉，2009；余明桂等，2010；Wu et al.，2012），特别是当企业陷入财务困境时，政府更愿意向政治关联企业伸出援助之手，以帮助其摆脱困境（Faccio et al.，2005；沈艺峰等，2009；潘越等，2009）。

4. 获取市场准入

在我国，由于政府行业准入管制非常严格，很多行业的准入壁垒很高，基本上都是由国有企业垄断（罗党论、刘晓龙，2009）。这种行政性垄断的本质是妨碍市场竞争，妨碍整个市场效率的提高（胡鞍钢、过勇，2002）。近年来，随着市场化进程的加快，政府逐渐放宽了一些垄断行业的准入机制，允许民营企业进入垄断行业和领域。但是掌握游戏规则的始终是政府，因此这种行业准入只是相对的。民营企业为了进入这些行业，则需要做很多“功课”（罗党论和唐清泉，2009）。在这种情况下，具有政治关联的民营企业家更有可能利用自己的政治资源优势获得政府的行政进入许可（蔡地和万迪昉，2009）。胡旭阳（2006），罗党论和唐清泉（2009），以及罗党论和刘晓龙（2009）研究发现，具有政治关系的民营企业更容易进入政府管制行业，民营企业采取政治策略能有效帮助其进入政府管制行业。

5. 促进多元化经营

多元化经营已经成为现代企业发展的一种趋势。但多元化资源同样属于一项稀缺资源，并非所有的企业都可以随心所欲地进入其他行业，严重的市场分割、产权歧视与行业壁垒等都是制约企业多元化的重要因素（张敏和黄继承，2009）。在此情况下，政治关联可能会帮助企业获得更多的多元化资源（张敏和黄继承，2009）。尤其在我国转型经济中，企业的多元化战略往往是与政府的行为紧密联系在一起的（陈信元和黄俊，2007；李强和刘善敏，2007）。巫景飞等（2008）研究认为企业高管政治网络中所蕴含的社会资本可以有效地促进企业多元化战略的实施。胡旭阳和史晋川（2008）的研究表明，民营企业的政治资源影响民营企业多元化程度与多元化策略的选择。蔡地和万迪昉（2009）研究发现，较之于无政治关联的民营企业，有政治关联的民营企业更倾向于实施多元化经营战略，并且政府干预越是严重的地区，有政治关联的民营企业多元化经营倾向越为严重。

6. 寻求产权保护

新制度经济学认为，产权保护至关重要，法律制度对产权保护不充分降低了企业的投资激励，进而在宏观上影响长期经济增长（胡旭阳，2010）。一系列跨国研究发现，产权的不安全性与企业低投资、低增长紧密相关（Svensson，1998；Acemoglu et al.，2001；Johnson et al.，2002；Claessens & Laeven，2003），这种现象在私有企业中尤为显著。特别在一些经济转型的国家，相对于缺乏资金，产权的不安全性已成为私有企业投资和成长的一个更为严重的障碍（Johnson et al.，2002）。已有研究表明，在法制环境越差的国家和地区，私有企业越有可能构建政治关联（Chen et al.，2005；Faccio，2006；Li et al.，2006；潘红波等，2008；罗党论和唐清泉，2009；胡旭阳，2010），以此建立与政府之间的良好关系，作为法律制度的替代机制来保护民营企业产权免受损害（Chen et al.，2005；Bai et al.，2006；潘红波等，2008；胡旭阳，2010；唐英凯等，2011）。

2.1.4 政治关联的手段

从前述学者们关于企业政治关联的内涵界定可以看出，企业构建政治关联的手段主要分为两种方式：一种是直接方式，这是一种相对易于识别的方式；另一种是间接方式，相对于直接方式，这种方式不易于识别。

1. 直接方式

在国外，直接方式主要体现为企业大股东、高管或者董事会成员担任各级议员或者政府官员（Faccio，2006；Bertrand et al.，2007；Goldman，2009）。而在国内，直接方式主要体现为企业实际控制人、董事长或总经理担任各级人大代表、政协委员，从而获得一定的政治地位（Chen et al.，2005；余明桂和潘红波，2008；罗党论和甄丽明，2008；张兆国等，2011）。此外，有些企业直接聘请有政治背景的人员在公司任职，如担任董事会成员、企业高管或者顾问等职，以此建立起与政府的密切关系。

2. 间接方式

主要可以通过人际关系网络和参与各种捐赠活动两种渠道。①人际关系网络。研究表明，很多企业与政府或者官员都保持着密切的关系（Fisman，2001；Johnson & Mitton，2003；Faccio，2006；王晓燕，2007）。与通过直接方式构建政治关联不同，通过人际网络关系，无须任何正式的团体或组织仪式，直接由人与人相互之间的接触、交往、交换等互动而形成，一般是私人性的、非正式的、非公开的，因此也是不易识别的。②捐赠活动：在国外，这一方式主要体现为企业向政治人物提供政治献金（Shon，2006；Jayachandran，2006；Knight，2007；Claessens et al.，2008），帮助其参选，以此构建政治关联。而在国内，主要体现为企业家积极参与公益事业以及慈善活动（张厚义等，2003；薛爽和肖星，2011），在承担一定社会责任的同时，力求赢得政府的好评，以此拉近与政府的距离。

2.1.5 政治关联的经济后果

政治关联能够增加企业价值吗？事实上，正如施莱弗和维什尼（Shleifer & Vishny，1994）所强调的，政治家至少会抽取一部分政治关联所产生的租金，企业的价值只有在政治关联的边际收益大于边际成本时才能够得到提升。因此，政治关联对企业价值的影响则取决于边际收益与边际成本的权衡，由此可能会产生以下几种经济后果：

1. 政治关联对企业价值的积极影响

一系列研究表明，企业可以利用政治关联获得债务融资便利、税收优惠、政府补贴等诸多好处，从而改善企业经营环境，提升企业价值。菲斯曼（2001）研究发现，在印度尼西亚与苏哈托总统家族有关联的企业，其价值伴随着苏哈托总统身体状况恶化的传闻而下降，并且政治关联强度越大的企业其价值下降幅度越大。约翰森和米顿（Johnson & Mitton，2003）发现，在马来西亚 1997 ~ 1998 年金融危机期间，与首相马哈蒂尔（Mahathir）有关联的公司遭受的损失有 9% 可以归于政治关联本身价值的下降，而当政府采取资本管制措施后，这些公司价值的上升有 32% 可以归于政治关联本身价值的上升。高曼等（2006）研究发现，共和党在 2000 年总统大选中胜出时，S&P500 指数中与共和党有关联的企业价值上升，而与民主党有关联的企业价值下降。弗格森和沃斯（Ferguson & Voth，2008）研究发现，在德国纳粹时期，伴随着纳粹党势力的上升，与纳粹党有关联的公司获得了异常的高收益率。王（Wong，2010）研究了在中国香港上市的公司，结果表明政治关联能够带来正的经济利益：在公司董事或股东加入选举委员会之后，能够提升公司的股权报酬率和市值账面比。法西欧和帕斯利（Faccio & Parsley，2006），库珀等（Cooper et al.，2006），李等（2008），克莱森斯等（2008），弗兰奇等（Franci et al.，2008），布巴克里等（Boubakri et al.，2009），吴文锋等（2008），罗党论和黄琼宇（2008），以及雷光勇等（2009）也从不同视角证实了政治关联对企业价值有积极影响。

2. 政治关联对企业价值的消极影响

企业构建政治关联的目的是为了获取各种好处，但也有可能因为构建政治关联承担更多的成本。当成本超过收益时，企业业绩将会下降，企业价值也会受到损害。法西欧（2002）对 42 个国家的跨国研究发现，虽然政治关联企业能够享受债务融资便利、低税负以及更大的市场势力等好处，但即便如此，政治关联企业的业绩仍然显著低于同类非政治关联企业。伯特兰德等（2007）以法国企业为研究样本，发现政治关联企业需要支付给员工更高的薪酬，导致利润反而较低。克莱森斯等（2008）的研究表明，虽然政治关联有助于企业获得融资便利，但是政治关联企业的 Tobin's Q 要低于非政治关联企业，原因在于政治关联企业通常会采取较多的无效率投资行为。张敏等（2010）和张兆国等（2011）认为政治关联虽然有利于信贷融资，但容易导致投资过度，最终给企业价值带来负面影响。余明桂等（2010）发现具有政治关联的民营企业获得的财政补贴与企业绩效及社会绩效负相关，而无政治关联的民营企业获得的财政补贴与企业绩效及社会绩效正相关。法西欧等（2006），范等（2007），尼尔森和润吉（Niessen & Ruenzi，2010），邓建平和曾勇（2009），邹国庆和倪昌红（2010），以及杜兴强等（2011）也从不同视角证实了政治关联对企业价值有消极影响。

3. 政治关联对企业价值的不确定影响

政治关联对企业价值的影响结果并不能一概而论，有学者研究发现，在不同的情况下，政治关联对企业价值的影响也有可能是不确定的。法西欧（2006）研究表明，当企业家取得政治地位后股价则会显著上升，但政治家进入董事会却不能增加企业价值，这可能是因为政治家的寻租行为所致。胡永平和张宗益（2009）研究表明，董事长政治关联的绩效影响显著为正，而总经理政治关联的绩效影响显著为负。杜兴强等（2009）的研究结果表明，民营上市公司的政府官员类政治关联对公司业绩具有显著的、负向的影响，而代表委员类政治关联则具有显著的、正向的影响。潘红波和余明桂（2010）研究发现，若不存在控股股东资金占用，则政治关系能改善企业绩效，若存在控股股东资金占用，则政治关系对公司绩效的影响不显著，这说明民营上市公司建立政治关系不仅出于政治资本投资的需要，而且是控股股东利益输送的需要。任广乾和汪敏达（2010）研究发现，政治关联度与上市公司绩效之间存在倒“U”型关系，中国上市公司在从行政型治理向经济型治理演进过程中，存在一个最佳的政治关联度区间［0.4205，0.4561］，目前的政治关联度还需要进一步降低，但不能过度降低。何德旭和周中胜（2011）研究发现，政治关联与公司的雇用人数及雇用成本均呈显著的正相关关系，但政治关联并不影响公司的价值。

2.1.6 简要评述

总体而言，在政治关联研究领域，国外学者已经取得了较为丰硕的成果，国内学者近年来也取得了一定的成绩。但我们认为，国内在该领域的研究还有待进一步加强，在借鉴国外经验的基础上，结合本书研究目标和我国制度背景，需要在以下方面加强研究：

1. 政治关联的内涵有待明确

学者们就政治关联内涵虽然未达成一致意见，但共同点是试图在企业和政府之间寻找一条纽带，以证实企业与政府之间具有不同寻常的亲密关系。在前述政治关联内涵的表述中，结合我国特有的制度背景，我们比较认同范等

(2007)和陈等(2005)的观点。相比较而言，我们不认同用政治献金来定义企业政治关联，因为企业提供政治献金在我国大陆地区是非法行为，而企业一般性的慈善捐赠行为的真实意图又很难识别。另外，用获取政府补贴来定义企业政治关联也不太恰当，虽然研究表明有政治关联的企业更容易获取政府补贴，但无法排除大量的无关联的企业也可以获取政府补贴。而且，我们认为用中共党员身份来定义企业政治关联也不合适，因为在我国现实背景下，党员身份根本无法与政治身份划等号。基于以上分析，我们认为，未来应结合我国制度背景对政治关联内涵加以明确。内涵是起点，只有内涵明确了，才能够进一步明确政治关联相关研究的边界。

2. 政治关联的度量方法有待完善

政治关联度量一直是难点问题，同时也是基础问题，能否有效度量政治关联将直接影响到该领域相关研究的进展和成果。国外学者主要采用虚拟变量法进行度量(Faccio，2006；Fan et al.，2007；Boubakri et al.，2008)，但由于该方法忽视了政治关联的层级性、累加性和时效性等本质特征[①]，因此只能度量企业是否具有政治关联，而无法度量政治关联的强度差异。国内学者意识到了这一问题，并在研究中不断加以改进(胡旭阳，2006；邓建平和曾勇，2009；罗党论和刘晓龙，2009)，但能够全面考虑政治关联本质特征的度量方法仍然比较少见。因此，未来在政治关联研究领域，应该重视和拓展政治关联度量方法的研究，在宏观上要结合我国的政治体制、经济体制以及法律制度等，在微观上要结合我国企业治理结构的特点，在深入分析企业政治关联本质特征的基础上，建立更加科学缜密的政治关联度量模型，构建令人信服的政治关联指数，从而为政治关联相关研究奠定基础。

3. 政治关联的研究领域有待拓展

目前国内外政治关联研究主要集中在债务融资、税收优惠、政府补贴、市场准入、多元化经营，以及产权保护等领域，但最终所指向的核心命题都离不开政治关联对企业价值的影响。未来的研究不应局限于上述研究范畴，可以结合我国特定的经济环境、法制环境、制度背景，以及文化背景等，在微观层面

① 政治关联的本质特征将在本书第5章中具体阐述。

进一步研究企业政治关联与公司治理、社会责任（包括捐赠）、IPO机会、权益资本成本、投资行为、股利分配、税收筹划、会计政策选择、事务所选择、会计信息质量等方面的关系；在宏观层面深入研究企业政治关联与社会资源配置、经济增长、社会福利等宏观问题的关系。此外，目前国内外学者侧重于实证研究企业政治关联的经济后果，却忽视了规范研究的重要作用，很少有对企业构建政治关联的动机、作用机理、治理机制等进行系统研究的，导致该领域的研究出现“证据支持有余，而理论解释不足”的现象。未来可以借鉴和吸收声誉理论、资源依赖理论以及产权理论等理论体系的精髓，提升企业政治关联研究的理论高度，为该领域相关研究奠定坚实的理论基础。

2.2 盈余管理相关文献回顾

自会计准则诞生以来，盈余管理如影相随，长期以来普遍存在于会计实务界，也因此成为会计理论界的研究重点。什么是盈余管理以及如何度量盈余管理？企业为什么要进行盈余管理以及采用什么手段进行盈余管理？盈余管理会产生何种经济后果？本节以上述问题为主线，对相关文献进行回顾和总结。

2.2.1 盈余管理的内涵

关于盈余管理的内涵，通常有以下几种观点：席佩尔（Schipper，1989）认为，盈余管理旨在有目的地干预对外财务报告过程，以获取某些私人利益的“披露管理”。瓦茨和齐默尔曼（1990）认为盈余管理是指管理层基于他们的判断影响会计数据的行为，而这一行为可能受到制约，也有可能没有受到制约，并且其出发点既可能是最大化企业价值，也可能是机会主义的。戴维森等（1994）认为盈余管理是在GAAP限制的范围内，将盈余调整到理想水平而实施的有步骤的行为过程。罗伊乔杜里（2006）认为，盈余管理是对正常生产经营活动进行的过度的有偏操控，旨在影响财务报告结果以及利益相关者对经济业绩的判断。希利和瓦伦（1999）认为，盈余管理是企业管理层为了故意引导一些投资者对公司潜在业绩的错误理解，抑或为了影响以会计数据为基础的契约结果，而以会计手段和构造交易行为以改变对外财务报告时做出判断的过程。

国内一些学者也对盈余管理进行了定义：陆建桥（1999）认为，盈余管理是企业管理层在会计准则允许的范围之内，为了实现自身效用的最大化和（或）企业价值的最大化做出的会计选择。魏明海（2000）认为盈余管理是企业管理层为了误导其他会计信息使用者对企业经营业绩的理解或影响那些基于会计数据的契约的结果，在编报财务报告和“构造”交易事项以改变财务报告时作出判断和会计选择的过程。秦荣生（2001）认为，盈余管理是指企业有选择会计政策和变更会计估计的自由时，选择其自身效用最大化或是企业市场价值最大化的一种行为。宁亚平（2004）基于企业价值角度，认为盈余管理是指企业管理者在相关法规允许的范围内进行利润操纵；或者是管理者通过重组经营业务活动以达到利润操纵目的，但这不以增加或损害企业价值为前提。

2.2.2 盈余管理的度量

关于盈余管理的度量，通常有四种方法：

（1）应计利润分离法：核心思想是将应计利润分离为操控性应计利润和非操控性应计利润两部分，并以操控性应计利润来度量盈余管理程度，代表性的模型有 Jones 模型（Jones，1991）、修正的 Jones 模型（Dechow et al.，1995）。

（2）具体应计项目法：专门针对具体的应计利润项目进行研究，例如比弗和麦克尼科尔斯（Beaver & McNichols，1998）针对保险业的索赔损失准备的研究。

（3）真实盈余管理计量法：该方法不同于应计利润法，应计利润法主要度量企业是否利用会计手段操纵盈余，而真实盈余管理计量法主要度量企业是否通过构造交易活动操纵盈余，例如，罗伊乔杜里（2006）、科恩等（2008）的研究。

（4）分布检测法：基本思想是假设不存在盈余管理的前提下，企业盈余变化密度呈正态平滑分布，如果目标企业的分布曲线与假定正态分布不吻合，则表明存在盈余管理，例如，布格斯塔勒和迪切夫（Burgstahler & Dichev，1997）、德乔治等（Degeorge et al.，1999）的研究。

国内在盈余管理度量方面目前尚无开创性研究，仅有少数学者对部分经典模型加以修正。例如，陆建桥（1999）认为无形资产和其他长期资产的摊销是不可操纵性应计利润的组成部分，忽视这一因素会使模型低估不可操纵性应计利润额，从而导致高估盈余管理行为，在此基础上提出考虑无形资产和其他长期资产的扩展 Jones 模型；陈小悦等（2000）根据 ROE 的区间（5% ~9%，10% ~12%，12%以上）加入虚拟变量，对 Jones 模型进行了修正。

2.2.3 盈余管理的动因

1. 契约安排动因

（1）报酬契约与盈余管理：希利（1985）发现，企业在实施盈余管理前，管理当局掌握企业净利润的内部信息，而外部利益集团包括董事会成员无法准确了解企业利润信息，这就给管理当局操纵利润提供了机会和空间，以实现他们在薪酬合同中奖金的最大化。在此基础上，霍尔特豪森等（Holthausen et al.，1995），吉德里等（Guidry et al.，1999），鲍尔萨姆（Balsam，1998），赛德（Said，2003），孙（Sun，2009），李延喜等（2007），朱星文（2008），以及毛洪涛和沈鹏（2009）也得出了相似的结论。

（2）债务契约与盈余管理：斯威尼（Sweeney，1994）以 1980 ~1989 年间第一次出现债务违约的 130 家上市公司为研究对象，对因借款合同实施盈余管理的情况进行了研究，发现相对于控制样本，样本中的企业确实更多地采用了增加利润的会计政策，并且还发现面临债务违约风险的企业，更愿意尽早采用那些可以增加报告净利润的新会计准则，反之则反。之后，德丰和吉姆巴沃（Defond & Jiambalvo，1994）、宾尼希（Beneish，1997）、罗伊乔杜里（2006），以及李增福等（2011）也找到了类似的证据。

2. 政治成本动因

很多公司都会受到社会公众的关注，包括很多大型企业以及一些垄断性企业。这些企业希望能够通过盈余管理降低社会关注度。因此，利用会计程序和方法就成为降低企业报告利润的一种重要手段，尤其是在企业发展前途一片光明的时候。否则，公众的压力会迫使政府加以管制以降低其盈利能力。琼斯（1991）发现，在美国国际贸易委员会调查期间，被调查企业为调减收益而调整应计项目的金额，明显大于未进行调查的年份。卡汉（Cahan，1992）研究了美国国会反垄断调查对企业盈余管理的影响，研究结果表明，上市公司会随着外部政治成本的改变而进行相应的盈余管理。之后，霍尔（Hall，1993）、凯（Key，1997）、卡汉等（1997）、韩和王（Han & Wang，1998）、贝克（Baker，1999）、穆奈姆（Monem，2003）、张晓东（2008）也提供了类似证据。

3. 资本市场动因

（1）股票发行与盈余管理：企业会计盈余与股票价格之间具有正相关关系，较高的报告盈余能够带来相对较高的股票价格（Bernard & Thomas，1990；Chaney & Lewis，1995）。因此，对于准备发行股票的企业而言，很有可能对招股说明书中披露的盈余进行操纵，以使股票达到一个理想价位。相关证据主要包括两个方面：①IPO 与盈余管理（Friedlan，1994；Loughran & Ritter，1995；Teoh et al.，1998a；DuCharme et al.，2001；林舒和魏明海，2000；王春峰和李吉栋，2003）；②股票再发行/配股与盈余管理（Teoh et al.，1998b；Rangan，1998；DuCharme et al.，2004；陈小悦等，2000；陆宇建，2002；陆正飞和魏涛，2006）。

（2）企业并购与盈余管理：国内外很多学者研究了企业并购与盈余管理的关系，但研究结论却不尽一致：迪安杰洛（DeAngelo，1986），埃迪和泰勒（Eddy & Taylor，1999），以及何问陶和倪全宏（2005）并没有找到企业并购过程中存在盈余管理的证据；然而，佩里和威廉姆斯（Perry & Williams，1994），路易斯（Louis，2004），黄新建和段克润（2007），以及程敏（2009）找到了这方面的证据。

（3）避免亏损与盈余管理：布格斯塔勒和迪切夫（1997）以及海因（Hayn，1995）等学者发现美国公司普遍存在为避免亏损而进行的盈余管理行为。国内学者陆建桥（1999），陈晓和戴翠玉（2004），王亚平等（2005），赵春光（2006），以及张昕（2008）也证实了上述观点。

4. 税收规避动因

国外研究文献基本分为三类。第一类文献从会计政策选择角度进行研究：多布奇和平卡斯（Dopuch & Pincus，1988）发现税收成本是公司管理层选择后进先出法的一个重要动因；库欣和莱克莱雷（Cushing & LeClere，1992）的研究也得出相同的结论。第二类文献从税收—会计差异角度进行研究：米尔斯和纽贝里（Mills & Newberry，2001）研究发现，具有盈余管理动机的公司其非应税项目损益也较高，这表明样本公司有可能通过增加非应税项目损益的形式操纵利润，并规避相应的所得税负；埃里克森等（Erickson et al.，2004）的研究却表明，样本公司愿意为虚增利润支付高额所得税成本。第三类文献从税率差异角度进行研究，主要包括两个方面：一是利润的跨期转移（Dhaliwal et al.，1992；Boynton et al.，1992；Scholes et al.，1992；Guenther，1994），这些研究发现，公司通过应计项目将净盈余从高税率会计期间调整到低税率会计期间；二是利润的跨地区或同一地区的跨公司转移（Harris，1993；Jacob，1996；Collins et al.，1997），这些研究同样发现了跨国公司运用转移定价进行盈余转移的有力证据。

基于2007年内外资企业两税合并背景，国内学者从税率变动角度进行了很多研究：王跃堂等（2009）研究发现，税率降低的企业会通过推迟确认利润的盈余管理方式来降低企业税负，而对于税率提高的企业则没有明显的避税动机的盈余管理行为，这可能是因为税率提高的企业存在税收优惠过渡期。赵景文和许育瑜（2012）支持了这一观点，但王素荣和高静（2011）却没有找到类似证据。而李增福和郑友环（2010）研究发现，预期税率变动的公司均有显著的盈余管理，只是预期税率变动方向不同，盈余管理的方式也不同：预期税率上升的企业，主要采用真实盈余管理向上调整利润，而预期税率下降的公司，主要采用应计盈余管理向下调整利润。

2.2.4 盈余管理的手段

由盈余管理的内涵可知，盈余管理主要包括应计盈余管理和真实盈余管理两种方式。不同的盈余管理的方式决定了盈余管理手段的差异。

1. 应计盈余管理手段

应计盈余管理主要通过会计政策的选择与变更等手段达到操纵盈余的目的。摩尔（Moore，1973）发现新任高管人员更倾向于通过计提准备金以及变更会计原则与方法等手段压低当年的报告利润。克雷格和沃尔什（Craig & Walsh，1989）的研究发现澳大利亚企业利用非经常性损益平滑利润。莱维特（Levitt，1998）在有关“数字游戏”的演讲中指出，管理当局用“洗大澡”的方式来调整费用、提前确认收入、不切实际地计提准备、冲销购买中已发生的研发费用，这些方法正威胁着财务报告的可靠性。陈和袁（Chen & Yuan，2004）研究发现很多上市公司通过操控非经营性损益提升了会计收益，最终取得了配股权。国内学者孟焰等（2003）发现很多中国上市公司利用非经常性损益操控利润，而赵春光（2006），代冰彬等（2007），以及孙光国和莫冬燕（2010）则提供了企业利用资产减值进行盈余管理的证据。

2. 真实盈余管理手段

真实盈余管理主要通过费用性操控、生产性操控和销售性操控等手段达到盈余操纵的目的。费用性操控：德肖和斯隆（Dechow & Sloan，1991）发现CEO们会在任期末期降低研发费用来增加短期利润；之后，布希（Bushee，1998），程（Cheng，2004），岗尼（Gunny，2005），罗伊乔杜里（2006），科恩等（2008），以及李彬和张俊瑞（2009）也找到了费用操控的证据；生产性操控：罗伊乔杜里（2006），科恩等（2008），以及李彬和张俊瑞（2008）的研究发现公司通过过量生产来实施盈余管理的证据；销售性操控：杰克逊和威尔科特斯（Jackson & Wilcox，2000）以及罗伊乔杜里（2006）的研究都发现公司管理层通过加速销售来避免报告亏损的证据；李彬和张俊瑞（2010）和张子余和张天西（2011）也有类似发现。

2.2.5 盈余管理的经济后果

盈余管理的存在源于市场的不完美性，这就注定了盈余管理将会一直存在下去，因为市场只会趋于完善，而不可能尽善尽美。因此，我们要正确看待盈余管理及其产生的经济后果。学界的观点普遍认为盈余管理是一把“双刃剑”，其经济后果既有“坏”的一面，也有“好”的一面：

1. 盈余管理的负面影响

一些学者研究发现，应计盈余管理具有负面影响：菲罗斯等（Feroz et al.，1991）研究发现，被美国证券交易委员会指控高估存货或者应收款项的公司在被指控当日，股票价均下降13%。德肖等（1996）的研究也发现，当高估收益的会计操纵行为被公之于众时，样本公司股票价格平均下降9%。阮根（Rangan，1998），缇欧等（Teoh et al.，1998），杜沙姆等（DuCharme et al.，

2004)，张祥建和徐晋（2005），以及李增福等（2012）不仅找到了股票再发行过程中盈余管理存在的证据，而且发现盈余管理造成企业业绩下降。此外，也有学者发现了真实活动盈余管理的负面影响：尤尔特和瓦根霍夫（Ewert & Wagenhofer，2005）研究发现，随着会计制度的改革，企业实施应计盈余管理的空间日益减少，真实盈余管理行为则会增加，并从理论上阐述真实盈余管理对企业价值会产生负面影响。岗尼（2005）研究了真实盈余管理的经济后果，通过分析实施真实盈余管理的企业在之后三年的经营业绩，发现真实盈余管理对未来经营业绩产生显著负面影响。科恩等（2010），李彬和张俊瑞（2009、2010），以及李增福等（2012）也证明了真实盈余管理对企业业绩具有负面影响。

2. 盈余管理的正面影响

盈余管理既有“坏”的一面，也有“好”的一面，管理层可以利用会计政策的弹性调整损益，以灵活应对未预期到的企业经营状况，不仅可以弥补契约的刚性不足，还可以将企业内部信息传递给证券市场（Scott，2000）。比德尔和林达尔（Biddle & Lindahl，1982）对1973～1980年间采用后进先出法（LIFO）的企业进行了研究，发现企业采用这种避税会计政策得到了市场的正面反应。平卡斯（Pincus，1997）同样发现了1938～1939年税收法案中获准采用后进先出法的企业得到了积极的市场反应。此外，詹宁斯等（Jennings et al.，1996）和王跃堂等（2009）也得到了一致的结论。俞向前和万威武（2006）以及周琳（2011）也证实盈余管理有利于企业获得IPO/增配股以及降低政治成本的好处。饶有兴趣的是，与岗尼（2005）之前的研究结论不同的是，岗尼（2010）的进一步研究表明真实盈余管理行为也给企业未来业绩带来了正面影响。

2.2.6 简要评述

从上述文献回顾可知，在盈余管理相关研究领域，国内外学者已经取得了大量研究成果，这为我们正确理解和认识盈余管理，进一步开展盈余管理相关研究提供了宝贵的经验。但是结合本书的研究目标和我国制度背景，我们认为未来还需要在以下方面继续研究：

1. 盈余管理的制度背景

盈余管理是一项经济活动，经济活动离不开制度背景。目前国内盈余管理的研究，多数是借鉴国外的计量方法验证国外研究结论在国内的存在性，真正具有开创性的研究并不多见。究其原因，并不能完全归咎于在计量方法上无法突破，而主要在于对于我国特有的制度背景分析不够深入。在我国转型经济背景下，市场机制在逐步完善，政府职能在逐步转变，在这一过程中，企业进行盈余管理的动机、方式、手段、后果等与西方国家的盈余管理有何异同？是否有其特有的变化趋势？这种变化与我们的制度背景有何联系？用制度背景的发展变化能否解释？在我国多种所有制经济共同发展的背景下，不同的企业类型其盈余管理有何异同？分别会受到哪些因素的影响？研究这些问题都必须植根于我国特有的制度背景，否则盈余管理的相关研究将陷入“空中楼阁”的窘境。本书也正是试图基于我国制度背景研究政治关联对盈余管理的影响问题。

2. 盈余管理的方式

目前的研究多数是基于应计盈余管理，而真实盈余管理在最近几年才开始逐渐引起学术界的关注，尤其是国内关于真实盈余管理的方式识别及行为动机的研究还很少。真实盈余管理与企业经营活动紧密相关，包括多种操控方式，如通过提供更大的价格折扣或更为宽松的信用条件实施销售操控，通过过度生产来降低货物销售成本实施生产操控，通过减少广告费、修理费或研发费等酌量性费用支出实施费用操控，通过处置长期资产实施收入操控等。由于无论是理论界还是实务界，真实盈余管理都还是一个新兴的领域，以至于当前对这一问题的研究还处于逐步进入阶段，研究还比较零散，缺乏对具体实践的系统性研究。此外，由于真实盈余管理较之于应计盈余管理，更加难以识别，对经济活动的影响更大，因此真实盈余管理将是未来的研究重点和难点。

3. 制度背景下的盈余管理方式选择

已经有大量研究证实我国企业存在应计盈余管理行为，也有研究提供了我国企业存在真实盈余管理行为的证据。那么，结合盈余管理的制度背景和方式，有必要进一步细化以下问题：在中国现有的制度背景下，企业进行盈余管理的主要方式是应计盈余管理还是真实盈余管理？两者存在的背景有何异同？

两者是否存在替代效应？什么因素影响着盈余管理方式的选择？之所以提出这一问题，是因为已有的文献更多侧重于盈余管理程度的研究，而只有很少文献关注盈余管理方式选择的研究。事实上，盈余管理的方式选择是盈余管理研究的前提，只有在特有的制度背景下，明确企业更倾向于采用何种方式的盈余管理，进而选择相对应的计量模型，由此才能够有的放矢，才有可能达到预期研究目标。这将是本书的一个研究重点。

2.3 政治关联与盈余管理关系的相关文献回顾

从上述文献可以看出，不论是政治关联研究领域，还是盈余管理研究领域，国内外研究成果都已经非常丰富。然而，研究这两者关系的相关文献却并不多见，而且起步较晚，是一个新兴的研究领域。具体而言，相关文献分为以下几类：

2.3.1 政治关联与盈余质量

钱尼等（Chaney et al.，2011）对19个国家超过4500家企业的财务数据进行了深入分析，研究发现，与同类无政治关联企业相比，有政治关联企业的会计信息质量更低。即使引入腐败整体程度、股东权利评价指标等国家层面的控制变量，以及引入股权结构、企业规模、销售增长率、经营杠杆、市值账面价值比等企业层面的控制变量后，政治关联仍然可以影响会计信息质量，虽然政治关联与前期低质量会计信息相关，但却没有得到前期较差会计信息质量导致企业更有可能构建政治关联的证据。

谢获宝和刘波罗（2009）以我国2003~2008年沪、深两市的民营上市公司为样本，以企业的高级管理人员现在或曾经供职于政府部门作为政治关联的替代变量，研究发现，在其他条件不变的情况下，相对于无政治关联企业，有政治关联企业盈余质量更低。进一步研究发现，在法制环境较差的地区，政治关联与盈余质量没有显著关系；而在法制环境较好的地区，政治关联与盈余质量具有显著负相关关系。在公司治理水平较高的企业中，政治关联与盈余质量没有显著关系；而在公司治理水平较高的企业中，政治关联与盈余质量具有显著负相关系。

宋玉等（2010）以2006～2008年沪、深两市A股民营上市公司作为研究对象，从应计质量和盈余反应系数两个角度，对有、无政治关联企业的盈余质量进行实证检验，以此考察政治关联对盈余质量的影响。研究结果表明：相对于没有政治关联的企业，有政治关联企业的应计质量更优，而且政治关联对盈余管理的影响主要体现为对“向下”盈余的抑制作用，而对“向上”盈余的影响作用较小；从市场角度来看，政治关联能够提高盈余在回报中的反映程度，增大盈余反应系数。

黄新建等（2011）以2005～2008年在我国沪、深两市的民营上市公司为样本，实证分析了上市公司的政治关联、会计信息质量与审计需求之间的相互关系。研究结果显示，政治关联影响上市公司的审计需求，有政治关联的上市公司更倾向于选择低质量的会计师事务所。此外，外部审计质量与上市公司的盈余管理程度显著相关，高质量的审计对应着更低的盈余管理，更高的会计信息质量，也即高质量的外部审计具有识别、约束企业盈余管理的作用。

曾昭铭等（2012）以2004～2009年沪、深两市A股民营上市公司为研究对象，研究结果表明，同等条件下，有政治关联的民营上市公司的盈余质量显著低于无政治关联的民营上市公司，而且公司政治关联的密切程度越高，盈余质量水平越低。此外，公司政治关联的存在也会对盈余质量的风险定价产生负面的影响。这主要是因为：一方面，政府及证券监管部门可能疏于对具有政治关联企业的会计信息质量的监管，为这些公司进行盈余管理提供了可乘之机；另一方面，投资者容易高估那些具有政治关联企业的盈余质量，从而影响了盈余质量的定价作用。但没有证据表明，公司政治关联越密切，其盈余质量的定价功能也越差。

易玄等（2012）以2007～2009年中国613家民营上市公司为样本，考察了制度环境、政治关联与企业会计信息质量三者的相互关系。研究发现：政治关联显著影响我国民营上市公司会计信息质量，有政治关联的民营上市公司会计信息质量显著低于无政治关联的民营上市公司，且这种影响存在显著的地域差异，中西部地区有政治关联的民营上市公司会计信息质量显著低于无政治关联公司，但东部地区民营上市公司政治关联对会计信息质量的影响并不显著，这主要是因为我国不同地区存在显著的制度差异，制度环境能有效削弱政治关联对民营上市公司会计信息质量的影响。

2.3.2 政治关联与盈余稳健性

杜兴强等（2009a）以2004～2007年我国民营上市公司为研究对象，实证检验了政治关联对会计稳健性的影响。研究结果表明，民营上市公司的政治关联降低了会计稳健性；民营上市公司主要高管的政治关联，对会计稳健性的影响更为显著。同时考虑到政治关联与会计稳健性之间可能存在的内生性，进一步应用Heckman二阶段模型对内生性问题进行了控制，发现研究结论保持不变。

杜兴强等（2009b）以2004～2006年我国民营上市公司为研究对象，将政治关联等相关因素纳入巴苏（Basu，1997）的模型，在检验和控制了政治关联潜在的内生性的基础上，系统研究了政治关联及不同方式的政治关联对民营上市公司会计稳健性的影响。研究表明，若不区分政治关联的方式，整体上看民营企业的政治关联降低了其会计稳健性；若将民营企业的政治关联进一步细分为政府官员类政治关联和代表委员类政治关联，那么不同的政治关联方式对会计稳健性的影响不尽相同——民营企业的代表委员类政治关联降低了会计稳健性，而民营企业的政府官员类政治关联对会计稳健性的影响不显著。

2.3.3 政治关联与盈余管理

余玉苗和史伟（2009）使用2003～2005年中国上市公司和地方财政收入构成等数据，通过应用基本和修正Jones模型估计盈余管理程度和使用罚没收入作为地方政府"掠夺"本地企业的代理变量，验证了转型期上市公司有关盈余管理动机与政府角色模型的假设，揭示了中国的制度环境与企业行为的关系。研究结果表明，地区市场化程度高的企业，可以很好地通过盈余管理躲避地方政府的"掠夺"，而地区市场化进程低的企业，则对于这种"掠夺"不敏感，没有显著的盈余管理行为来规避"掠夺"。同时，地区市场化程度对于地方政府的"掠夺"行为具有某种程度的抑制作用，而公司治理，在地方政府的"掠夺"之下，显得软弱无力，形同虚设。

吴联生（2010）运用中国上市公司1998～2006年的数据，研究了政治关联对公司税负的影响，并在考虑政治关联的基础上，研究盈余管理对公司税负的影响。研究结果表明，中国有政治关联企业的所得税负担比无政治关联企业高；无论是有政治关联企业还是无政治关联企业，向上盈余管理都增加了它们的税收负担；有政治关联企业从向下盈余管理中得到了税收收益，而无政治关联企业则无法从向下盈余管理中得到税收收益。这一研究结论揭示了税收与盈余管理可能是政治关联影响企业价值的重要渠道，政治关联是影响盈余管理税收后果的重要因素，并且向上盈余管理和向下盈余管理的税收后果存在显著差异。

杜兴强和杜颖洁（2010）立足于中国资本市场独特的ST、*ST、SL制度背景，手工搜集了2004～2008年处于“濒死体验”过程的民营上市公司的各种交易状态及其变化的数据，同时搜集了公司高管政治关联的数据，实证研究了盈余管理、政治关联与ST、*ST、SL类民营上市公司交易状态改善之间的经验关系。研究结果表明，交易状态的改善与盈余管理显著正相关。分组结果表明，仅在政治关联组和高政治关联强度组，交易状态的改善与盈余管理显著正相关。这一研究结论表明，政治关联因素的确对盈余管理行为起到了“推波助澜”的作用，造就了部分ST、*ST、SL类民营上市公司“朽而不倒”的神话。

杜兴强等（2012）考虑到人大代表、政协委员与政府官员在掌握的资源、具有的影响力和潜在的行政关系诸多方面实质上并不等同，因此将政治关联划分为政府官员类政治关联和参政议政类政治关联，并且手工搜集了2004～2008年民营上市公司的关键高管（董事长和总经理）的政府官员类政治关联和参政议政类政治关联的相关数据，研究了他们对盈余管理行为的影响。研究结果表明，政府官员类政治关联和参政议政类政治关联对民营上市公司盈余管理行为的影响具有“不对称性”：民营上市公司的盈余管理行为与关键高管的政府官员类政治关联边际显著负相关，而民营上市公司的盈余管理行为与关键高管的参政议政类政治关联显著正相关。

刘永泽等（2013）利用深圳中小板2009～2011年间民营上市公司的经验数据，在充分考虑各地区市场化程度差异以及企业政治关联强度差异的基础上，检验了市场化程度、政治关联与盈余管理的关系。研究结果表明：我国民营上市公司中政治关联现象比较普遍，而且中西部地区这一现象比东部沿海地区更为普遍；政治关联显著影响企业盈余管理程度，有政治关联的民营上市公司的盈余管理程度显著高于无政治关联的民营上市公司；政治关联具有强度差异，民营上市公司的政治关联强度越大，其盈余管理程度就越大；市场化程度对盈余管理有负向影响，但这种影响主要通过政治关联间接发挥作用，即市场化程度越低，民营上市公司的政治关联对盈余管理的影响越显著。

2.3.4 简要评述

综上所述，政治关联与盈余管理关系的研究尚处于起步阶段，国内外文献都比较少。但这也恰恰为本书的研究提供了契机和空间。结合以上文献回顾，我们认为，目前政治关联与盈余管理关系的研究存在以下问题，这也将是本书力图解决的问题：

1. 研究内容不全面

已有研究基本上都是运用实证研究方法验证政治关联对盈余管理是否有影响，以及有多大程度的影响，而很少运用系统的理论体系阐述政治关联对盈余管理的影响机制，也很少对研究结论作出全面的理论解释和提出系统的政策建议，使得相关研究缺乏一定的理论支撑和实际应用价值。此外，已有文献重点关注政治关联对企业盈余管理程度的影响，而忽视了政治关联对企业盈余管理方式的影响。通常而言，盈余管理主要包括应计盈余管理和真实盈余管理两种方式，那么在我国当前制度背景下，有政治关联的企业进行盈余管理更倾向于哪种方式？无政治关联的企业更倾向于哪种方式？两种方式的盈余管理之间是否存在某种程度的替代关系？解决了这些问题，将是对以往研究的补充和完善，这将是本书的一个研究重点。

2. 研究结论不一致

大部分研究结论表明，有政治关联的企业的盈余质量、盈余稳健性低于无政治关联的企业，而盈余管理程度则相反。但宋玉等（2010）研究却发现，有政治关联的民营企业应计质量优于无政治关联的民营企业。而当引入市场或制度环境后，研究结论也不一致：易玄等（2012）研究认为制度环境越差的地区，政治关系对会计信息质量负面影响越显著，这与刘永泽等（2013）的研究结论基本一致；但谢获宝和刘波罗（2009）研究却发现，法律制度越完善的地区，政治关联对盈余质量的负向影响越显著；而余玉苗和史伟（2009）研究也表明，市场化程度与企业通过盈余管理躲避地方政府“掠夺”的行为负相关。

正是因为存在上述分歧，本书才试图进一步研究加以验证。

3. 度量方法不完善

鉴于政治关联度量方法对本书研究的重要性，因此要反复强调。在政治关联与盈余管理关系的相关文献中，大部分使用的是虚拟变量法度量政治关联，即具有政治关联的企业取值1，反之取0，这固然使复杂问题得到了简化，但同时也“简化”掉了政治关联的信息含量：政治关联存在强度差异。忽视了政治关联的强度差异，很有可能影响到相关研究结果的可靠性。因此，进一步完善政治关联度量方法，将是本书研究的重要目标。此外，在相关法律制度日益完善的背景下，应计盈余管理的操作空间日益萎缩，而真实盈余管理却日益流行。而在已有的相关文献中，盈余管理的度量基本上都是借鉴了修正的Jones模型，度量方法比较单一，忽视了对真实盈余管理的研究及其度量方法的运用。本书将同时运用陆建桥（1999）扩展Jones模型和罗伊乔杜里（2006）、李彬等（2009）的真实活动操控模型，从而全面研究和度量盈余管理。

2.4 本章小结

本章主要围绕政治关联、盈余管理，以及政治关联与盈余管理的关系三个主题，对与之相关的国内外文献进行了梳理、归纳和评述。对于政治关联相关文献的回顾，主要围绕政治关联的内涵、政治关联的度量方法、政治关联的动因、政治关联的手段，以及政治关联的经济后果等几个方面展开；对于盈余管理相关文献的回顾，主要围绕盈余管理的内涵、盈余管理的度量方法、盈余管理的动因、盈余管理的手段，以及盈余管理的经济后果等几个方面展开；而对于政治关联与盈余管理的关系，直接相关的文献相对较少，因此文献回顾还包括了与之相近的研究成果。

第3章

民营企业发展的制度背景研究

制度环境是企业赖以生存与发展的基础。按照诺斯（North）的观点，制度由正式制度、非正式制度及其实施特征组成，其中正式制度主要指政治法律制度，而非正式制度是这个社会长期形成的行为规范、习俗和自愿遵守的行为准则等，实施特征则是指这些制度在具体的社会文化背景下的运行机制及其实施效果。正式制度与非正式制度是一个对立的统一体，既相互依存又相互转化。纵观中华人民共和国成立以后我国民营企业的发展历程，60多年的风雨沉浮与制度的更迭变化密不可分。在这一过程中，起主导作用的虽然是正式制度，但政治关联作为一种重要的非正式制度，也在一定程度上影响着民营企业。本章主要针对中华人民共和国成立以后我国民营企业不同的发展阶段，对与民营企业有关的政策法规进行梳理，并对各个阶段民营企业基本发展情况以及政治关联状况进行研究。

3.1 迅速萎缩阶段（1949～1956年）

3.1.1 迅速萎缩阶段政策法规背景

1949年10月，中华人民共和国的成立彻底终结了半殖民地半封建的社会经济形态，确立了五种经济成分并存的新民主主义社会经济体制。[①] 而早在

① 五种经济成分：国营经济、合作社经济、农民和手工业者经济、私人资本主义经济，以及国家资本主义经济。

1949年3月，中共七届二中全会就已经提出了对私人资本主义采取“利用和限制”的政策。此后，1950年6月召开的中共七届三中全会，实际上对各种经济成分确立的是“分工合作、各得其所”的“鼓励发展”方针。[①]同年12月，中央人民政府政务院颁布了新中国第一部《私营企业暂行条例》，其宗旨是：根据《中国人民政治协商会议共同纲领》的经济政策规定，在国营经济的领导下，鼓励并扶助有利于国计民生的私营企业。这与中共七届三中全会是相辅相成的，在调整公私关系、劳资关系和产销关系中，重点是调整公私关系，即一方面确立国营经济的领导地位，另一方面要发挥私营经济的积极作用，两者缺一不可（黄孟复，2010）。为了更好地施行《私营企业暂行条例》，1951年3月，政务院经济委员会又颁布了《私营企业暂行条例施行办法》。在这样的历史背景下，中华人民共和国成立后至1953年，我国私营经济得到了一定程度的发展，在当时的国民经济中占到了绝对优势和主体地位（黄孟复，2010）。

但从1953年开始，随着向社会主义过渡步伐的加快，中央对私人资本主义的政策发生了根本性转变：由原先的“利用和限制”到“利用、限制和改造”，以此为转折点，中央拉开了对个体农业、个体手工业、资本主义工商业进行大规模社会主义改造的序幕。伴随着“三大改造”的快速推进，我国私营经济迅速萎缩，到了1956年底已经基本销声匿迹。

在之后的20余年，除了三年调整时期（1963～1965年）在所有制问题上稍有松动之外，总体在观念上“重国营、轻集体、鄙个体、怕私营”。这种趋势到了“文革”时期达到了登峰造极的地步，批判、否定、取消个体、私营等非公有制经济，大割“资本主义尾巴”，对所谓的“地下工厂”再次刨根予以打击（黄孟复，2010），民营经济被彻底摧毁。

3.1.2 迅速萎缩阶段基本发展情况

我们以私营工业企业为例，来研究1949～1956年我国民营企业的基本发展情况。

---

① 1950年6月6日，毛泽东在七届三中全会上的书面报告：《为争取国家财政经济状况的基本好转而斗争》。

由表 3－1、图 3－1、图 3－2、图 3－3 可以看出，1949～1953 年，我国私营工业企业总体规模呈上升趋势：企业数量从 1949 年底的 12.32 万户上升到 1953 年底的 15.03 万户，从业人员从 1949 年底的 164.38 万人上升到 1953 年底的 223.09 万人，总产值从 1949 年底的 62.28 亿元上升到 1953 年底的 131.09 亿元，复合增长率分别为 4.97%、7.93% 和 17.71%。但从 1953 年下半年开始，随着我国社会主义改造的快速推进，我国私营企业规模开始急剧下降，到了 1954 年底，企业数量为 13.4 万户，从业人员为 179.62 万人，总产值为 103.41 亿元，比 1953 年底分别下降了 10.86%、19.48% 和 21.11%；到了 1955 年底，下降趋势更为明显，企业数量为 8.88 万户，从业人员为 130.99 万人，总产值为 72.66 亿元，比 1954 年底分别下降了 33.73%、27.07% 和 29.74%；而到了 1956 年底，私营企业数量仅存 0.09 万户，从业人员仅存 1.41 万人，总产值仅存 0.29 亿元，比 1955 年底分别下降了 98.99%、98.92% 和 99.6%。至此，我国社会主义改造基本完成，民营企业在中国已几近消失殆尽。

表 3－1　　1949～1956 年我国私营工业企业发展情况

年份	户数（万户）	增长率（%）	人数（万人）	增长率（%）	总产值（亿元）	增长率（%）
1949	12.32	—	164.38	—	68.28	—
1950	13.3	7.95	181.59	10.47	72.78	6.59
1951	14.77	11.05	202.28	11.39	101.18	39.02
1952	14.96	1.29	205.66	1.67	105.26	4.03
1953	15.03	0.47	223.09	8.48	131.09	24.54
1954	13.4	－10.84	179.62	－19.48	103.41	－21.11
1955	8.88	－33.73	130.99	－27.07	72.66	－29.74
1956	0.09	－98.99	1.41	－98.92	0.29	－99.6

资料来源：中国科学院经济研究所、中央工商行政管理局．资本主义工业的社会主义改造［M］．上海：三联书店，1960.

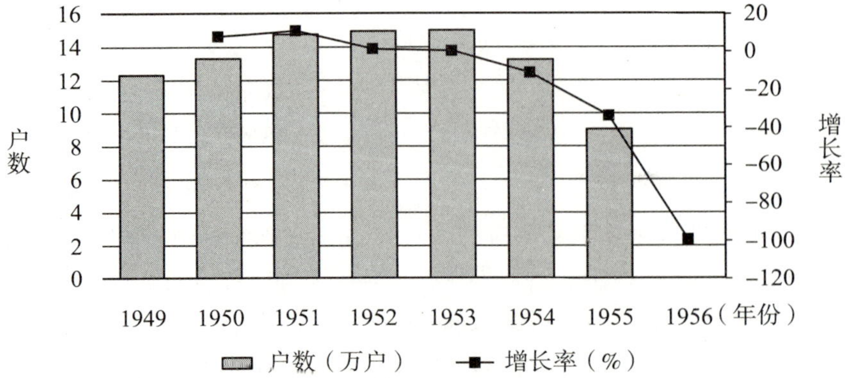

图 3-1　1949~1956 年我国私营工业企业户数增长情况

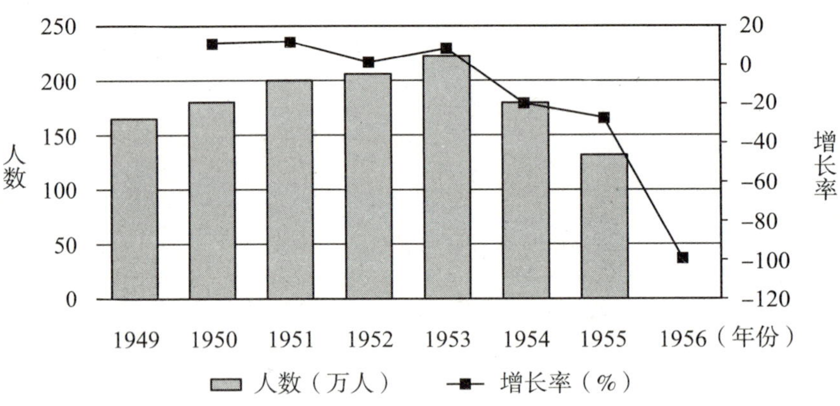

图 3-2　1949~1956 年我国私营工业企业人数增长情况

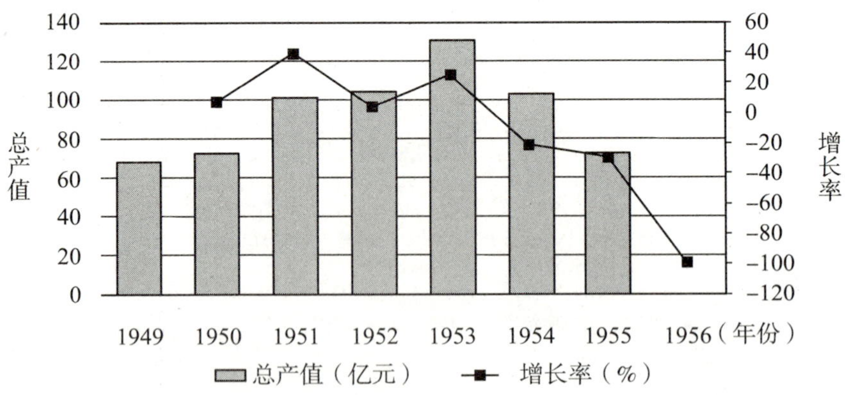

图 3-3　1949~1956 年我国私营工业企业总产值增长情况

3.1.3　迅速萎缩阶段政治关联状况

中华人民共和国成立以后，很多爱国民营企业家审时度势，主动向政府申请“公私合营”。这样，在 1954 年召开的全国政协第二届会议中，一批爱国、爱党的民营企业家当选为全国政协委员，例如，王少岩、朱梦苏、李国伟，以及周叔弢等人。这可以看作是中华人民共和国成立初期民营企业家构建政治关联的一种短期表现。之后，随着社会主义改造的快速推进，到了 1956 年底，所有的民营企业家的身份发生彻底改变：由资本家变成了自食其力的社会主义劳动者。在此后的 20 多年间，民营企业和民营企业家已经不复存在，民营企业政治关联现象也难觅踪影。

3.2　曲折复苏阶段（1978～1991 年）

3.2.1　曲折复苏阶段政策法规背景

1978 年 12 月，中共十一届三中全会顺利召开，决定停止“以阶级斗争为纲”，并重新确立了解放思想、实事求是的思想路线，决定将党和国家的工作中心转移到经济建设上来。这是中共在政治路线上的根本性转变，以此为起点拉开了我国改革开放的序幕，我国民营企业也因此获得了复苏的机会。但是民营企业复苏的过程是曲折漫长的，其起点是个体经济的首先复苏。1979 年 3 月，国务院在批转关于全国工商局长会议的报告中指出，为了方便群众生活并解决一部分人的就业问题，可以根据实际情况在城镇恢复和发展一部分个体经济。同年 9 月，中共十一届四中全会提出：“社员的自留地、自留畜、家庭副业和农村集市贸易是社会主义经济的附属和补充，决不允许把它们当成资本主义经济来批判和取缔”。① 同年 9 月 29 日，叶剑英在庆祝中华人民共和国成立三十周年大会上提出：“目前在有限范围内继续存在的城乡劳动者个体经济，是社会主

① 1979 年 9 月 28 日，中共十一届四中全会：《中共中央关于加快农业发展若干问题的决定》。

义公有制经济的附属和补充”。[①] 这是党对个体经济“补充地位”的最早表述。

1981年6月，中共十一届六中全会首次提出了“我们的社会主义制度还是处于初级阶段”的论断，并指出“国营经济和集体经济是我国基本的经济形式，一定范围的劳动者个体经济是公有制经济的必要补充”。[②] 这是党首次从政策层面认可个体经济的“补充地位”，标志着中共在对所有制结构的探索方面迈出了重要一步。为进一步打消人们的顾虑，同年10月，中共中央、国务院又进一步指出：“个体劳动者，是我国社会主义的劳动者。他们的劳动，同国营、集体企业职工一样，都是建设社会主义所必须的，都是光荣的。对于他们的社会政治地位，应该与国营、集体企业职工一视同仁。其中的先进分子，符合党、团条件的，同样可以按照党章、团章规定，吸收入党入团”。[③] 这极大地调动了个体经济的积极性，个体经济开始迅速复苏。

1982年9月，中共十二大报告进一步指出：“由于我国生产力发展水平总的来说还比较低，又很不平衡，在很长时期内需要多种经济形式的同时并存”。特别提出“在农村和城市，都要鼓励劳动者个体经济在国家规定的范围内在工商行政管理下适当发展，作为公有制经济的必要的有益的补充”。同年12月通过的宪法修正案，从最高法律层面认可了个体经济的“补充地位”。1984年10月，中共十二届三中全会指出：“我国现在的个体经济是和社会主义公有制相联系的，不同于和资本主义私有制相联系的个体经济，它对于发展社会生产，方便人民生活，扩大劳动就业，具有不可替代的作用，是社会主义经济必要的有益的补充，是从属于社会主义的。……坚持多种经济形式和经营方式的共同发展，是我们长期的方针，是社会主义前进的需要”。[④] 同时强调要为城乡集体经济、个体经济的发展创造条件，给予法律保护。

1987年10月，中共十三大报告第一次明确使用“私营经济”这个概念，指出“……实践证明，私营经济一定程度的发展，有利于促进生产，活跃市场，扩大就业，更好地满足人民多方面的生活需求，是公有制经济必要的和有益的补充。必须尽快制订有关私营经济的政策和法律，保护它们的合法利益，

---

① 1979年9月29日，叶剑英：《在庆祝中华人民共和国成立三十周年大会上的讲话》。

② 1981年6月27日，中共十一届六中全会：《中共中央关于建国以来党的若干历史问题的决议》。

③ 1981年10月17日，中共中央、国务院：《关于广开门路，搞活经济，解决城镇就业问题的若干规定》。

④ 1984年10月20日，中共第十二届中央委员会第三次全体会议：《中共中央关于经济体制改革的决定》。

加强对它们的引导、监督和管理”。中共十三大第一次对我国私营企业的性质、作用和地位作了论述，并明确了党对私营经济的政策，为民营企业的存在和发展正了名。特别是1988年通过的《宪法》修正案，在法律上保证了民营企业的合法身份和地位。此后不久，国务院颁发了《中华人民共和国私营企业暂行条例》、《中华人民共和国私营企业所得税暂行条例》和《国务院关于征收私营企业投资者个人收入所得税的规定》三项法规，这使民营企业的经营和管理有法可依，这些政策对复苏中的民营企业起到了重要的促进作用。至此，通过前期个体经济的复苏和国家政策的逐步放开，我国民营企业终于回到了历史的舞台。

1989年理论界围绕姓“社”姓“资”问题对非公有制经济政策展开了激烈争论。在这一阶段，个体私营经济的发展受到重创，一些个体工商户和民营企业难以维持，或挂靠国有企业和集体企业，或改造为股份合作制，有的减少雇工和经营规模，或者是停业或歇业。这一年年底，个体私营经济的人数和户数都明显有所下降。这是自1979年以来个体私营经济唯一下降的一年。

1990~1991年，党中央、国务院重申了社会主义初级阶段所有制结构不变的方针。尤其是1991年7月，中共中央批转中央统战部《关于工商联工作若干问题的请示》报告，在这份报告中精辟地指出：“对现在的私营企业主不应和过去的工商业者简单类比和等同，更不要像50年代那样对他们进行社会主义改造”，而是对他们采取团结、帮助、教育、引导的方针，要求他们“爱国、敬业、守法”。上述指示，较好地体现了邓小平理论中关于私营经济的方针政策，起到了稳定人心的作用。在这两年，个体私营经济遏制住了下降趋势，开始逐步上升。

3.2.2　曲折复苏阶段基本发展情况

我国民营企业的复苏是以个体经济为基础的，事实上，在民营企业尚未获得政策和法律层面的认可之前，很多实质上的“民营企业”正是通过各种手段将自己“伪装”成个体工商户，才得以生存下来。因此，讨论这一阶段的民营企业发展问题，无法撇开个体经济的发展问题，如果将这一阶段的民营企业视为“星星之火”，那么这一阶段的个体经济便是点燃“星星之火”的“红色火种”。

1. 个体经济的发展情况

由表3－2、图3－4、图3－5可知，1978年底，我国个体经济从业人员仅为14万人。而到了1979年底，这一数字已经达到31万，比1978年底增长了121.43%。1980年底，个体经济从业人员达到80.6万人，同比增长了160%。从1981年开始，我国改变了对个体经济的统计方式，由统计人数分为统计户数和从业人员数。这一年年底，全国个体经济为183万户，从业人员227万人，同比增长了181.64%。之后，经过几年的快速发展，在1985年底全国个体经济达到1171万户，从业人员1766万人。从1986年开始，我国个体经济进入低速增长阶段，1986～1991年个体经济户数的复合增长率仅为3.23%，从业人员复合增长率仅为4.18%。尤其是1989年，个体经济出现了负增长，个体经济户数同比下降了14.18%，从业人员同比减少了15.79%。从1990年开始，个体经济开始小幅反弹，到1991年底个体经济为1417万户，从业人员为2258万人。

表3－2　　1978～1991年我国个体经济基本发展情况

年份	户数（万户）	增长率（%）	人数（万人）	增长率（%）
1978	—	—	14	—
1979	—	—	31	121.43
1980	—	—	80.6	160
1981	183	—	227	181.64
1982	261	42.62	320	40.97
1983	590	126.05	746	133.13
1984	930	57.63	1304	74.8
1985	1171	25.91	1766	35.43
1986	1211	3.42	1846	4.53
1987	1373	13.38	2158	16.9
1988	1453	5.83	2305	6.81
1989	1247	－14.18	1941	－15.79
1990	1328	6.5	2093	7.83
1991	1417	6.7	2258	7.88

资料来源：历年《中国民营经济发展报告》以及国家工商行政管理总局网站。

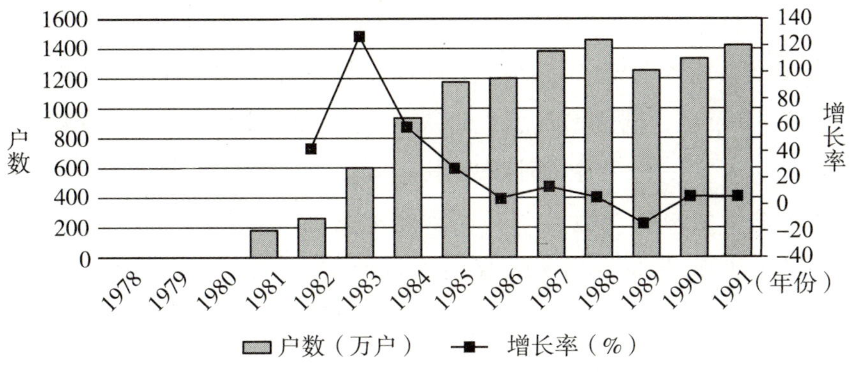

图3-4　1978～1991年我国个体经济户数增长情况

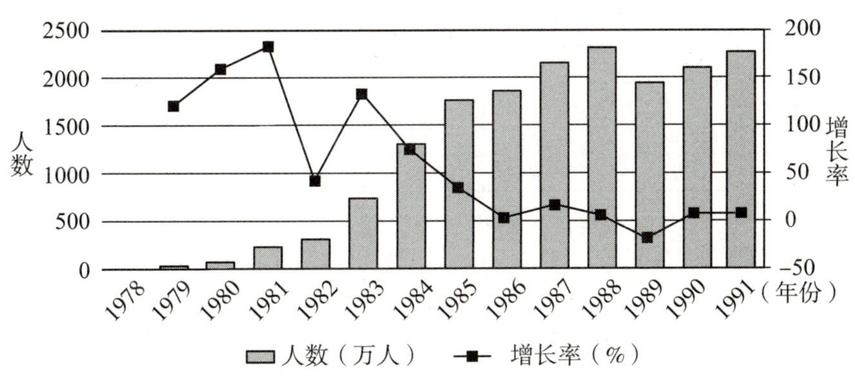

图3-5　1978～1991年我国个体经济人数增长情况

2. 民营企业的发展情况

由于我国民营企业在1987年党的十三大才重新获得政策上的认可，再加上我国从1989年才开始对民营企业进行注册登记，因此在1978～1988年这一阶段，我国民营企业官方统计数据为零。而事实上，根据1988年6月国务院颁布的《中华人民共和国私营企业暂行条例》的规定，“私营企业是指企业资产属于私人所有、雇工八人以上的营利性的经济组织”，那么在此之前，我国个体经济中就已经包含了很多雇工人数达到或超过八人但名义上仍为个体经济的“民营企业”。同时，据国家工商行政管理局的调查摸底，估计1987年全国就有各类民营企业大约22.5万户，从业人员360.7万人左右。从1989年开始，国家工商行政管理局开始对民营企业进行登记注册，我国民营企业开始有了官方统计数据。由表3-3、图3-6、图3-7、图3-8可知，1989年共登记注册的民营企业仅9.06万户，从业人员仅164万人，注册资本84亿元，与之前的摸底结果相差甚远。之后，民营企业数量开始弱势上升，1990年底民营企业为9.81万户，同比增长了8.28%；但民营企业从业人员为147.8万人，同比下降了9.88%；民营企业注册资本为95亿元，同比增长了13.1%。1991年，形势较之于前两年稍有改观，民营企业达到10.78万户，从业人员达到159.8万户，注册资本达到123亿元，同比分别增长了9.89%、8.12%和29.47%。

表3-3　　1978~1991年我国民营企业基本发展情况

年份	户数（万户）	增长率（%）	人数（万人）	增长率（%）	注册资本（亿元）	增长率（%）
1978~1988	—	—	—	—	—	—
1989	9.06	—	164	—	84	—
1990	9.81	8.28	147.8	-9.88	95	13.1
1991	10.78	9.89	159.8	8.12	123	29.47

资料来源：历年《中国民营经济发展报告》以及国家工商行政管理总局网站。

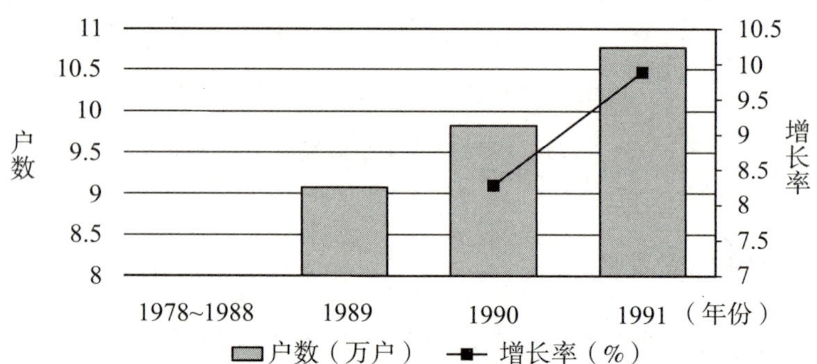

图3-6　1978~1991年我国民营企业户数增长情况

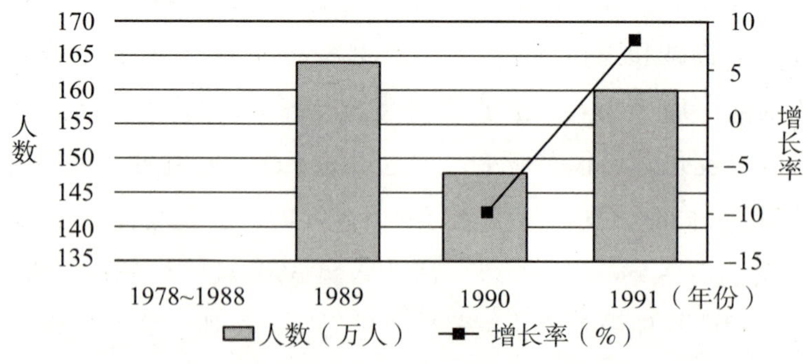

图3-7　1978~1991年我国民营企业人数增长情况

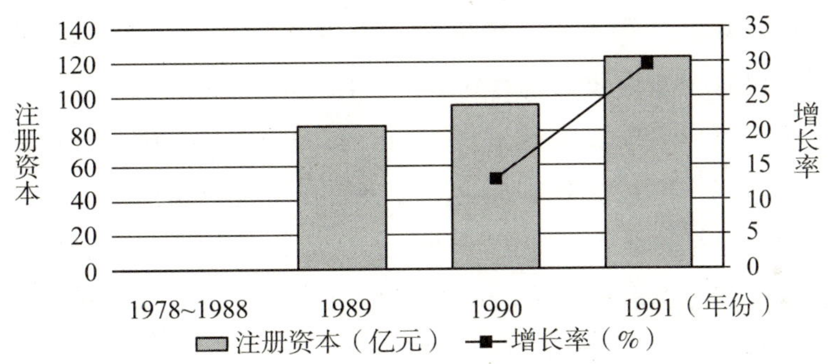

图3-8　1978~1991年我国民营企业注册资本增长情况

3.2.3　曲折复苏阶段政治关联状况

在这一阶段，虽然民营经济作为公有制经济的“补充”地位得到了政策和法律层面的认可，但它仍然无法和公有制企业相提并论，甚至无法与同为“其他经济成分”的外资企业等量齐观：它既不能像公有制企业那样享受政府的各种扶持，也不能像外资企业那样享受政府的各种优惠。而在当时计划经济体制下，政府对经济资源的配置发挥着绝对作用，民营企业要想生存和发展，与政府搞好关系显得尤为重要。因此，在这一阶段，民营企业构建政治关联的动机不仅是存在的，而且是强烈的。然而，在当时的制度背景下，民营企业构建政治关联并非易事：一方面，在中国几千年“官本位”思想的影响下，“学而优则仕”的观念仍然根深蒂固，“由仕而商”现象在当时还不多见；[①] 另一方面，在当时私营经济到底是姓“资”还是姓“社”都没有定论的情况下，私营企业主连加入中国共产党都是奢望，更谈不上“商而优则仕”，“由商而仕”只是空想罢了。

在这一阶段，党和政府虽然逐步放开了对民营经济发展的限制，但对民营经济的态度并不明朗，民营企业及企业主的政治属性和政治身份仍然处于模糊状态。在普遍缺乏安全感的氛围中，许多民营企业都选择了“戴红帽子”的独特形式进行的自我保护：他们通过将企业挂靠在“集体企业”或“乡镇企业”

① 事实上，20世纪80年代中期就已经出现了官员下海浪潮。但这一时期官员下海主要表现为“半下海”，即体制内的一种流动，如机构改革后编制的缩减，于是有些官员到部门下属的单位与企业中去当领导，“充实基层力量”，实际上只是原有编制待遇的平移。因此，这一时期官员真正下海、“由官而商”的还是少数。

下以躲避“阶级属性”的审查。据统计，1988年，在全国28.3万户合作经营组织中，属于民营企业性质的就有6万户；以集体名义登记、实为私营性质的企业，也不下5万户（潘岗和戴玉庆，1988）。1989年，中国社科院经济研究所曾对江苏、浙江、广东等乡镇企业发展快的省市进行访问调查，发现调查户中1/3以上的企业是挂乡镇企业牌子的私人企业；1993年，中国社科院民营经济研究中心与全国工商联信息中心联合进行问卷调查，被调查的民营企业主认为“红帽子”企业占集体企业的比例为50%~80%。在这一特殊时期，民营企业通过“戴红帽子”的方式构建政治关联，为民营企业的复苏与发展赢得了一线生机，也为民营企业这一“星星之火”发展为“燎原之势”奠定了重要基础。

3.3 快速扩张阶段（1992~2001年）

3.3.1 快速扩张阶段政策法规背景

1992年10月，党的十四大确立了邓小平建设有中国特色社会主义理论的指导地位和社会主义市场经济体制改革目标。十四大报告指出：“在所有制结构上，以公有制包括全民所有制和集体所有制经济为主体，个体经济、私营经济、外资经济为补充，多种经济成分长期共同发展，不同经济成分还可以自愿实行多种形式的联合经营”。十四大虽然仍然将“其他经济成分”视为“公有制经济”的“补充”，但“共同发展”的提出，淡化了“补充”的配角意味，为民营经济成为“社会主义市场经济的组成部分”奠定了基础。

1993年11月，党的十四届三中全会第一次提出了鼓励非公有制经济发展的政策，指出“建立社会主义市场经济就是要使市场在国家宏观调控下对资源配置起基础性作用。为实现这个目标，必须坚持以公有制为主体、多种经济成分共同发展的方针”，并明确提出“国家要为各种所有制平等参加市场竞争创造条件，对各类企业一视同仁”。[①] 1996年召开的第八届全国人大四次会议，

① 1993年11月14日，中共第十四届中央委员会第三次全体会议《关于建设社会主义市场经济体制若干问题的决定》。

极为明确地把继续鼓励和引导发展个体私营经济作为今后15年发展国民经济社会必须坚持的方针，从而为民营经济的发展又一次提供了长期的政策保障。①

随着社会主义市场经济的发展，民营经济等非公有制经济快速发展，在国民经济中发挥着日益重要的作用，以无可辩驳的事实证明了它是推动生产力发展的重要形式，是我国社会主义市场经济的重要组成部分。但是，由于长期以来形成的对马克思主义教条式的理解，在非公有制问题上仍然存在种种疑虑，从而束缚了人们的思想，制约着民营经济的发展，因此中央对民营经济的方针和政策需要新的发展和突破。

1997年9月，中共十五大以邓小平理论为指导，在所有制观念方面实现了新的突破。在认真分析总结我国所有制结构经验和教训的基础上，党的十五大首次确定了我国社会主义初级阶段的基本经济制度，指出“公有制为主体、多种所有制经济共同发展，是我国社会主义处级阶段的一项基本经济制度”，并进一步指出“非公有制经济是我国社会主义市场经济的重要组成部分。对个体、私营等非公有制经济要继续鼓励、引导，使之健康发展。这对满足人们多样化的需要，增加就业，促进国民经济的发展有重要作用”。把非公有制经济的地位由“公有制经济的必要和有益的补充”上升为“社会主义市场经济的重要组成部分”，意味着非公有制经济不再是社会主义市场经济“额外附加”的部分，而是它的“有机组成、不可缺少”的部分，非公有制经济的历史地位、发展空间和发展环境也实现了新的突破，这标志着党和国家对非公有制经济有了更加科学的认识，为民营企业的发展指明了方向，民营企业迎来了新一轮的大发展。

3.3.2 快速扩张阶段基本发展情况

从1992年党的十四大确立社会主义市场经济体制改革目标，到1997年党的十五大确定非公有制经济是社会主义市场经济的重要组成部分，在这前后10年期间，我国民营企业的发展突飞猛进，取得了令人瞩目的成就。

由表3－4、图3－9、图3－10、图3－11可以看出，从1992～2001年，

① 1996年3月17日，第八届全国人民代表大会第四次会议：《国民经济和社会发展“九五”计划和2010年远景目标的纲要》。

我国民营企业数量由13.96万户上升到202.85万户，从业人数由232万人上升到2714万人，注册资金由221亿元人民币上升到18212亿元人民币，复合增长率分别高达30.69%、27.88%和55.45%。在这10年间，我国民营企业出现了两次发展高潮：第一次是在1992~1994年间，在邓小平"南方谈话"的直接驱动下，1993年和1994年民营企业户数分别达到23.79万户和43.22万户，同比增长率分别为70.42%和81.67%；从业人员分别为373万人和648万人，同比增长率分别为60.78%和73.73%；注册资金分别为681亿元和1448亿元，同比增长率分别为208.14%和112.63%。之后两年仍然保持着高速增长的态势，但随着1997年我国经济实现软着陆，这两年我国民营企业的增速开始放缓。到了20世纪90年代末，我国民营企业迎来了第二次发展高潮，1998年民营企业数量首次突破百万大关，达到120.10万户，从业人员1710万人，注册资金7198亿元，同比增长率分别为25.01%、26.67%和40.04%；1999年民营企业数量达到150.89万户，从业人员达到2022万人，注册资金达到10287亿元，同比增长率分别为25.64%、18.25%和42.91%。2000~2001年，民营企业增速又开始放缓，企业数量分别为176.18万户和202.85万户，同比增长率分别为16.76%和15.14%；从业人员分别为2406万人和2714万人，同比增长率分别为18.99%和12.8%；注册资金分别为13308亿元和18212亿元，同比增长率分别为29.37%和36.86%。

表3-4　　1992~2001年我国民营企业基本发展情况

年份	户数（万户）	增长率（%）	人数（万人）	增长率（%）	注册资金（百亿元）	增长率（%）
1992	13.96	—	232	—	2.21	—
1993	23.79	70.42	373	60.78	6.81	208.14
1994	43.22	81.67	648	73.73	14.48	112.63
1995	65.45	51.43	956	47.53	26.22	81.08
1996	81.92	25.16	1171	22.49	37.52	43.1
1997	96.07	17.27	1350	15.29	51.4	36.99
1998	120.1	25.01	1710	26.67	71.98	40.04
1999	150.89	25.64	2022	18.25	102.87	42.91
2000	176.18	16.76	2406	18.99	133.08	29.37
2001	202.85	15.14	2714	12.8	182.12	36.85

资料来源：《中国工商行政管理统计汇编》。

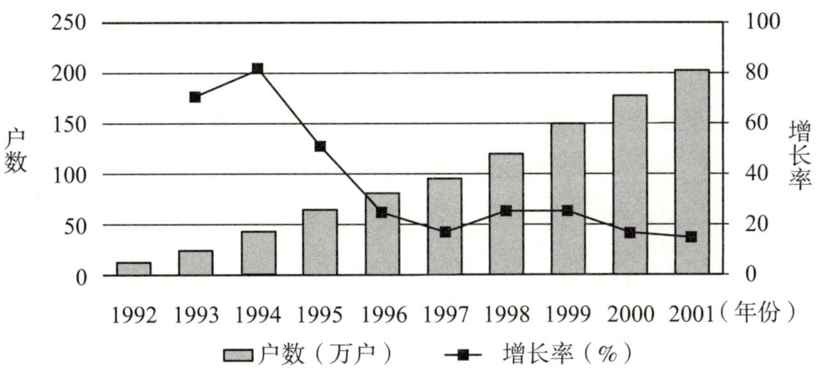

图3-9　1992~2001年我国民营企业户数增长情况

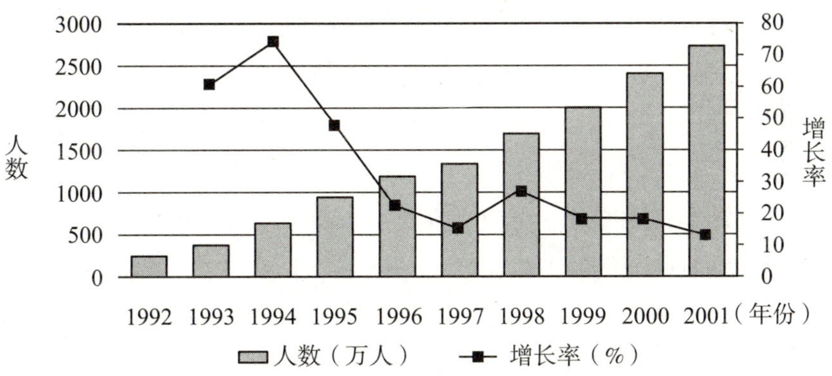

图3-10　1992~2001年我国民营企业人数增长情况

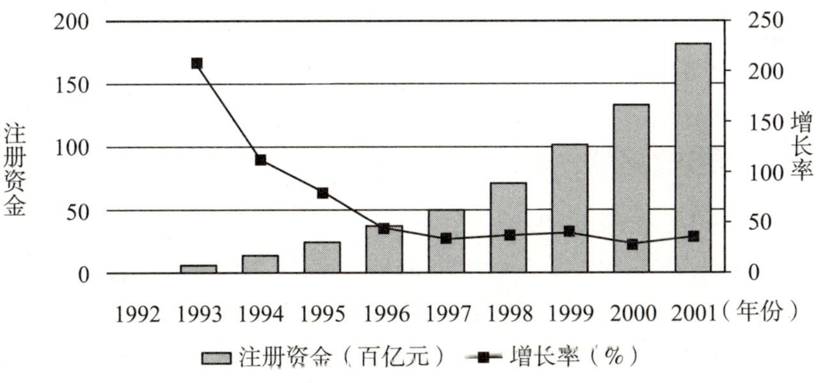

图3-11　1992~2001年我国民营企业注册资金增长情况

3.3.3　快速扩张阶段政治关联状况

在1992~2001年10余年间，我国民营企业不论是在数量还是规模上都取得了前所未有的发展，在市场经济中的重要性也逐步凸显。然而在这一阶段，虽然我国市场经济体制改革在逐步推进，但民营企业的经营环境却并未得到很好改善。根据2000年中国第四次私营企业抽样调查结果，民营企业主希望经营条件能够进一步改进，迫切程度顺序为：①信贷政策（占总户数的59.0%）；②清除腐败（占总户数的56.0%）；③税收政策（占总户数的52.4%）；④进一步在法律上保护产权（占总户数的39.0%）；⑤同等对待不同所有制企业（占总户数的38.0%）；⑥推进政治体制改革（占总户数的26.6%）；⑦改进工商管理（占总户数的24.2%）；⑧改进舆论宣传（占总户数的20.1%）；⑨加强宏观调控（占总户数的15.6%）；⑩改变户口制度（占总户数的10.6%）。

为了改善自身经营环境，民营企业通过各种途径寻求政府的支持与保护。在这一阶段，“戴红帽”仍然是政治关联的一种重要表现形式。1998年，财政部、国家经贸委、农业部、税务总局共同组织的对城镇集体企业和农村集体企业的清产核资工作中，共清理出58万户确属个体、私营企业的“挂靠”集体企业，资产总额高达19000亿元（张佑才，2000）。到1999年底，无论在规模还是经济效益方面，曾经“戴帽”者都要超过从未“戴帽”者（戴建中，2000）。

与此同时，民营企业家也开始通过参选人大代表、政协委员参政议政。1993年无疑是中国民营企业家政治地位转变的一个分水岭，在这一年，包括刘永好、张宏伟、王祥林等在内的23名非公有制经济人士当选第八届全国政协委员，成为外媒所描述的“大亨委员”。至此，一直游离于体制外的中国民营企业家，终于开始登上中国的政治舞台。到了1998年，被选举为全国和省级人大代表的民营企业主已经达到48人和372人，而担任全国和省级政协委员的私营企业主分别为46人和895人（陆学艺，1998）。值得一提的是，在1998年第九届全国政协会议上，新希望集团董事长刘永好当选为全国政协常委，成为当选为全国政协常委的第一位民营企业家，这标志着我国民营企业家在参政议政的道路上又迈出了坚实的一步。

除了“戴红帽”、参选人大代表、政协委员外，这一阶段民营企业政治关联还表现为民营企业家“下海”前的政府背景。1992年邓小平“南方谈话”之后，国务院修改和废止了400多份约束经商的文件，大批官员投身私营工商界，辞官下海蔚然成风。仅以1992年为例，根据当时国家人事部统计，当年辞官（脱离体制）下海者12万人，不辞官（停薪留职）却投身商海的超过

1000万人。这一阶段下海经商公务人员的特点是职位普遍不高，多数属于停薪留职，代表性人物有陈东升、郭凡生、冯仑、马云、史玉柱等人；代表性的事件有"门新国现象"：2000年10月，山东省东营市垦利县县长门新国辞官下海，受他的影响，山东东营市官员下海一时成风，有近百名机关干部辞去公职投身商界，这在当时引起全国轰动。

3.4　平稳发展阶段（2002年至今）

3.4.1　平稳发展阶段政策法规背景

2002年11月，党的十六大全面系统地阐述了党在新的历史时期发展非公有制经济的政策方针，在重申"坚持和完善公有制为主体、多种所有制经济共同发展的基本经济制度"的基础上，提出"两个毫不动摇"和"一个统一"，即"必须毫不动摇地巩固和发展公有制经济；必须毫不动摇地鼓励、支持和引导非公有制经济发展；坚持公有制为主体，促进非公有制经济发展，统一于社会主义现代化建设的进程中，不能把这两者对立起来"。同时指出，"海内外各类投资者在中国建设中创业活动都应当受到鼓励，一切合法的劳动收入和合法的非劳动收入，都应当得到保护"。这是我们党首次对合法的非劳动收入的充分肯定，从而将其与"剥削"严格区分开来。十六大报告为我国民营企业吃了"定心丸"，发展民营经济由政策推进转向制度保障，这是非公有制经济理论政策发展的又一个里程碑，标志着我国民营经济进入了一个新的发展时期。

2003年10月，党的十六届三中全会又通过了《中共中央关于完善社会主义市场经济体制若干问题的规定》，指出"个体、私营等非公有制经济是促进社会生产力发展的重要力量。清理和修订限制非公有制经济发展的法律法规和政策，消除体制性障碍。放宽市场准入，允许非公有资本进入法律法规未禁入的基础设施、公用事业及其他行业和领域。非公有制企业在投融资、税收、土地使用和对外贸易等方面，与其他企业享受同等待遇"。此外，还要求："建立健全现代产权制度，建立归属清晰、权责明确、保护严格、流转顺畅的现代产权制度，……有利于保护私有财产权，促进非公有制经济发展；有利于各类资本的流动和重组，推动混合所有制经济发展……这是完善基本经济制度的内在要求，是构建现代企业制度的重要基础。要依法保护各类产权，健全产权交易规则和监管制度，推动产权有序流转，保障所有市场主体的平等法律地位和发展权利”。

2004 年 3 月，第十届全国人大二次会议审议通过了宪法修正案。这次修宪是涉及非公有制经济最多、内容最丰富的一次。第一，宪法首次对非公有制经济人士做了“社会主义事业的建设者”的政治定位，极大地增强了非公有制经济人士的光荣感、责任感和使命感，激发了他们投身社会主义建设事业的热情；第二，宪法修正案第二十一条将宪法第十一条第 2 款修改为“国家保护个体经济、私营经济等非公有制经济的合法的权利和权益。国家鼓励、支持和引导非公有制经济的发展，并对非公有制经济实行监督和管理”；第三，这次修宪将 1982 年宪法的第十三条修改为“公民的合法的私有财产不受侵犯。国家依照法律规定保护公民的私有财产权和继承权。国家为了公共利益的需要，可以依照法律对公民的私有财产实行征收或者征用并给予补偿”。这是改革开放以来，我国在保护包括非公有制经济人士在内的公民私有财产问题上取得的重大的历史性突破，这一规定标志着我国公民的私有财产权开始受到国家根本大法的认可与保护，极大地提高了广大民营企业家投资创业的积极性。

2005 年 2 月，国务院发布《关于鼓励支持和引导个体私营等非公有制经济发展的若干意见》，这被称为“国内第一部促进非公有制经济发展的系统性政策文件”的 36 条，首次将非公有制经济与公有制经济一视同仁，要求各级政府要放宽非公有制经济市场准入的标准，加大对非公有制经济的财税金融支持，完善对非公有制经济的社会服务，维护非公有制经济企业和职工的合法权益，引导非公有制经济企业提高自身素质，改进政府对非公有制企业的监督，加强对发展非公有制经济的指导和政策协调。这是自中华人民共和国成立以来第一次以中央政府的名义发布的鼓励支持和引导非公有制经济发展的政策性文件，是党的十六大之后，我国民营企业期盼已久的一份非常及时和重要的纲领性文件。2007 年 10 月召开的具有重大历史意义的党的十七大再次把发展非公有制经济提到了一个新的高度。报告要求“毫不动摇地鼓励、支持、引导非公有制经济发展，坚持平等保护物权，形成各种所有制经济平等竞争、相互促进新格局”。十七大首次提出了“两个平等”的思想，这是对非公有制经济理论的重大突破，也为民营企业的科学发展指明了方向。

2012 年 11 月，党的十八大报告在重申“两个毫不动摇”的基础上，进一步提出要“保证各种所有制经济依法平等使用生产要素、公平参与市场竞争、同等受到法律保护。”这是在“两个平等”基础上的进一步表述，进一步为私营企业取得平等市场地位提供了政策保障。同时，十八大报告还指出要“加快发展民营金融机构”，这是“民营”这个词汇首次出现在中国最重要、最高级别的文献中，这就意味着有些行业被国有企业高度垄断的局面将被打破，民营资本、民营企业将被允许进入参与公平竞争，民营企业将迎来更广的发展空间和更多的发展机遇。

2013 年 11 月，党的十八届三中全会提出：“公有制经济和非公有制经济都是社会主义市场经济的重要组成部分，都是我国经济社会发展的重要基础”。这是党的文件首次将公有制经济与非公有制经济放在同等重要的地位，表明公有制经济和非公有制经济都是社会主义市场经济不可或缺的平等竞争主体，他们统一于社会主义初级阶段的基本经济制度中，标志着我们党对基本经济制度、对中国特色社会主义经济发展规律认识的深化，公有制经济和非公有制经济相互合作、相互融合、相互促进，共同促进经济社会发展，已经成为完善社会主义市场经济体制的重要内容。

3.4.2　平稳发展阶段基本发展情况

2002 年至今，我国民营企业的发展环境日益改善，尤其是 2005 年《关于鼓励支持和引导个体私营等非公有制经济发展的若干意见》的发布，为我国民营企业的发展注入了新的活力，民营企业从此进入了平稳发展阶段。

由表 3－5、图 3－12、图 3－13、图 3－14 可以看出，2002～2012 年，我国民营企业再次实现跨越式发展，民营企业数量由 263.83 万户上升到 1085.72 万户，从业人员由 3247.5 万人上升到 11296.12 万人，注册资金由 24756 亿元上升到 310972 亿元，复合增长率分别为 15.20%、13.28% 和 28.80%。在这一阶段，主要以 2007～2008 年为分水岭：在此之前，民营企业发展速度相对较快，2003 年底民营企业数量为 328.72 万户，从业人员 4299.1 万人，注册资金 35305 亿元，同比增长率分别为 24.6%、32.38% 和 42.61%；2004 年底民营企业数量为 402.42 万户，从业人员 5017.3 万人，注册资金 47936 亿元，同比增长率分别为 22.42%、16.71% 和 35.78%；之后两年，民营企业增长速度已经有了减缓的迹象，而到了2007年，伴随着国际金融危机的爆发，我国经济也受到了较大程度的影响，民营企业增速进一步降低，当年年底民营企业为603.05万户，从业人员7253.1万人，注册资金93873亿元，同比增长率分别为10.83%、10.12%和23.47%；到了2008年，国际金融危机继续蔓延，我国经济急速下滑，民营企业受到较大影响，当年年底民营企业为657.42万户，从业人员7904万人，注册资金117357亿元，同比增长率分别为9.02%、8.97%和25.02%。而从2009年开始，伴随着我国政府一揽子救市计划的实施，我国经济运行出现积极变化，民营企业的发展速度也开始平稳回升，当年年底民营企业为740.15万户，从业人员8606.97万人，注册资金146447亿元，同比增长率分别为12.58%、8.89%和24.79%；之后的几年，我国经济逐渐摆脱了金融危机的影响，民营企业的发展呈现出平稳发展态势，到了2012年底，民营企业数量突破1000万户，达到1085.72万户，从业人员达到11296.12万人，注册资金达到310972亿元。

表3-5　2002~2012年我国民营企业基本发展情况

年份	户数（万户）	增长率（%）	人数（万人）	增长率（%）	注册资金（百亿元）	增长率（%）
2002	263.83	—	3247.5	—	247.56	—
2003	328.72	24.6	4299.1	32.38	353.05	42.61
2004	402.41	22.42	5017.3	16.71	479.36	35.78
2005	471.95	17.28	5824	16.08	613.31	27.94
2006	544.14	15.3	6586.4	13.09	760.29	23.97
2007	603.05	10.83	7253.1	10.12	938.73	23.47
2008	657.42	9.02	7904	8.97	1173.57	25.02
2009	740.15	12.58	8606.97	8.89	1464.47	24.79
2010	845.52	14.24	9417.58	9.42	1920.55	31.14
2011	967.68	14.45	10353.62	9.94	2578.8	34.27
2012	1085.72	12.2	11296.12	9.1	3109.72	20.59

资料来源：中华全国工商业联合会．中国民营经济发展报告（2012~2013）[M]．北京：社会科学文献出版社，2013.

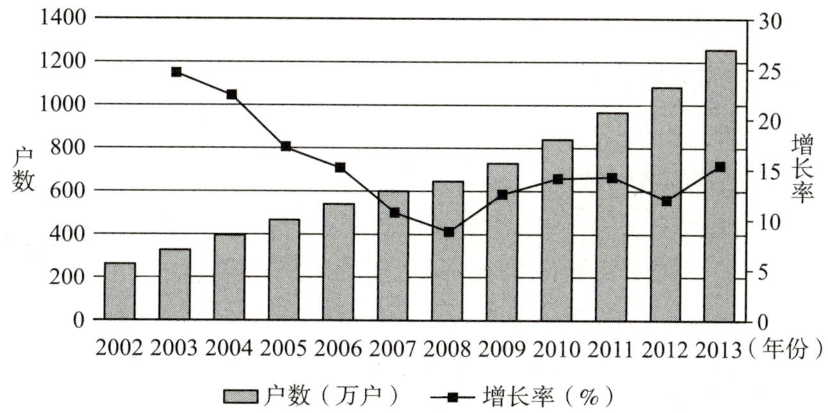

图3－12　2002～2012年我国民营企业户数增长情况

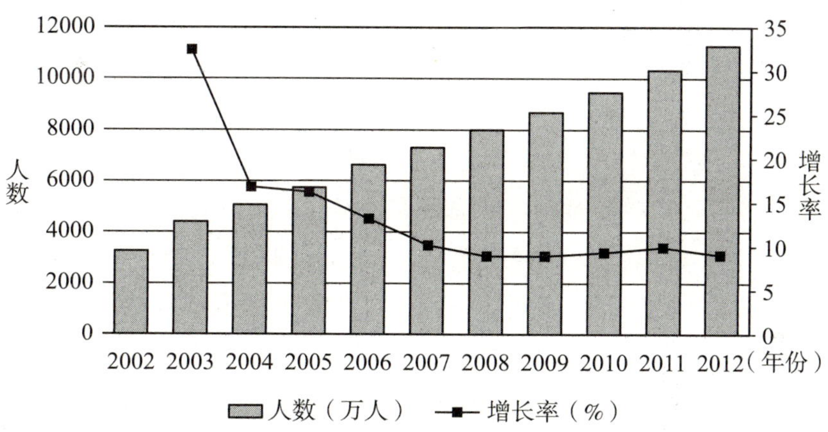

图3－13　2002～2012年我国民营企业人数增长情况

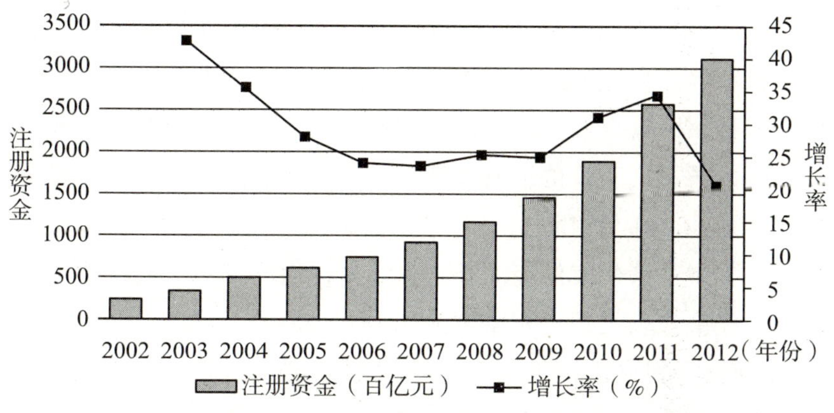

图3－14　2002～2012年我国民营企业注册资金增长情况

3.4.3 平稳发展阶段政治关联状况

在经历了迅速萎缩、曲折复苏以及快速扩张几个发展阶段之后，我国民营企业进入了平稳发展阶段。在这一阶段，虽然期间受到国际金融危机的影响，但我国民营企业经受住了严峻挑战，依然展现出蓬勃的生机和活力，保持了较快的发展速度和较高的发展质量。目前，民营经济已经占到我国 GDP 的 60% 以上，解决了我国 80% 以上的人口就业问题，已经成为当之无愧的中国经济支柱。经济地位的快速提升，以及国家对民营企业发展的逐步重视，在一定程度上激发了民营企业家参政议政的热情。同时，虽然市场环境在逐步完善，但民营企业的发展仍然受到诸多因素的制约，民营企业的经营条件还有待进一步改善，因此，民营企业家通过参政议政构建政治关联，仍然是民营企业求生存促发展的重要手段。

根据 2006 年中国第七次私营企业抽样调查结果，民营企业家在力求经济上有所作为的同时，对政治参与表现出了一定的兴趣。有 28.8% 的民营企业家认为“争取当人大代表、政协委员”最为迫切。据资料统计，第十届全国人大、政协组成人员中，非公有制经济人士有全国政协委员 108 人，全国人大代表 136 人，分别比第九届全国政协、人大多了 62 人和 88 人；同时期的省级政协委员 1100 多人，省级人大代表 630 多人；同时期全国县级以上人大代表 9000 多人，政协委员 30000 多人（吕庆春，2009）。此外，在省一级人民政协中，2003 年 1 月 11 日，重庆力帆实业（集团）董事长、重庆市工商联会长尹明善当选为重庆市政协副主席；同年 1 月 21 日，浙江传化集团董事长、浙江省工商联会长徐冠巨当选为浙江省政协副主席。民营企业家进入省级政协领导班子，标志着我国民营企业家在中国政治舞台上迈上了一个新的台阶。在 2008 年召开的第十一届人大和政协组成人员中，非公有制经济代表和委员的人数进一步上升，分别为 180 余名和 160 余名。在 2013 年召开的第十二届人大组成人员中，非公有制经济代表已经上升到 225 人；而同期召开的第十二届政协会议，非公有制经济代表人数也有所增加。

在 2001 年江泽民同志“七一”讲话之后，民营企业家能否入党问题迎刃而解，民营企业家入党的数量和积极性激增。根据 2006 年中国第七次私营企业抽样调查结果，在被调查的 2001 年后注册为私营企业的民营企业家中，中共党员占32.2%。与此同时，民营企业家也开始通过积极参选党代表参政议政。2002年党的十六大召开时，有7名民营企业家当选为党代表，这是历史上首次允许民营企业家担任党代表；到了2007年党的十七大召开时，民营企业家党代表增至17人；而在2012年党的十八大召开时，民营企业家党代表增至34人。而另据2008年中国第八次私营企业抽样调查结果，在受访的1372名党员民营企业家中，担任各级党代表的达到28.3%；这次调查同时表明，有205名中共党员企业主进入了地方各级党委领导机构，占受访党员企业主总数的14.9%；此外，还有很多民营企业家开始到各级人大、政协任职。

与此同时，这一时期我国又迎来了新一轮辞官下海热潮。根据2006年中国第七次私营企业抽样调查结果，在民营企业家的社会来源中，干部、国有或集体企业负责人（承包人、承租人）、企业供销人员、专业技术人员合计所占比例从26.3%上升为47.0%，升幅达到78.7%。这一阶段官员下海的主要特点是：下海前大多正当盛年且身居要职；下海经商的官员呈现出人数越来越多、级别越来越高的趋势；下海的去向基本是民营企业和一些私人资本投股的上市公司；下海方式不再是过去的停薪留职，而是辞职或提前退休。

3.5　本章小结

本章围绕民营企业发展的四个阶段展开：在迅速萎缩阶段（1949～1956年），1950～1953年民营经济得到一定程度的发展，政治关联主要表现为部分民营企业家当选全国政协委员；但经过三年社会主义改造后，民营企业和民营企业家消失殆尽，民营企业政治关联现象也不复存在；在曲折复苏阶段（1978～1991年），伴随着改革开放的春风，民营企业逐渐复苏，国家逐步认可了其“补充地位”；但期间国家政策有反复，民营企业的发展如履薄冰，为了求生存，很多民营企业采用“戴红帽”的方式进行自我保护；在快速扩展阶段（1992～2001年），1992年邓小平“南方谈话”之后，逐步将民营企业定位为社会主义市场经济的“重要组成部分”，民营企业以前所未有的速度快速发展；这一阶段的政治关联，主要表现为“戴红帽”、官员下海，以及民营企业家通过参选人大代表、政协委员参政议政；在平稳发展阶段（2002年至今），国家政策层面继续鼓励和引导民营企业发展，尤其是《关于鼓励支持和引导个体私营等非公有制经济发展的若干意见》的颁布，为民营企业赢得平等市场竞争机会奠定了坚实的基础，民营企业进入平稳健康发展阶段；这一阶段的政治关联，主要表现为官员下海以及民营企业家通过参选人大代表、政协委员、党代表参政议政，并且有很多民营企业家开始到各级党委、人大、政协任职。

第4章

政治关联对民营企业盈余管理的影响机制研究

本章主要回答两个问题：民营企业为何要构建政治关联？民营企业构建政治关联对盈余管理有何影响？我们认为，民营企业之所以构建政治关联，其经济动机不一而足，但归纳起来不外乎两大类：一是为了获取生存与发展所需要的资源；二是为企业所获取的资源及经营成果提供产权保护。[①] 不论是哪种动机，民营企业构建政治关联之后，有可能对企业盈余管理产生以下影响：（1）契约方放松了对盈余管理的约束；（2）盈余管理成为企业获取资源的手段；（3）盈余管理成为企业产权保护的手段。本章将借助声誉理论、资源依赖理论和产权理论，论证民营企业为何要构建政治关联，并进一步阐述政治关联对盈余管理的影响机制。

4.1 基于声誉机制视角政治关联对盈余管理的影响机制

4.1.1 企业声誉理论概述

亚当·斯密（Adam Smith）在两百多年前就已经认识到了声誉的重要性，

① 在本书第2章中，我们已经概括了政治关联的经济动机，包括：债务融资便利、享受税收优惠、获得政府补贴、获取市场准入、促进多元化经营、寻求产权保护等，但从广义的资源概念理解，前五种都可以视为是获取资源动机。

他认为声誉是保证契约得以顺利实施的重要机制。但这种认识还仅停留在简单的理论分析层面。真正尝试将声誉纳入经济学领域的是美国著名经济学家法玛（Fama），他于20世纪70年代末提出了“经理市场竞争”作为激励机制的想法，他认为即使没有企业内部的激励，经理们出于对今后职业前途及外部市场的压力（即声誉）的考虑，也会努力工作。随后，克雷普斯等（Kreps et al. ，1982）创建了标准声誉模型（KMRW 模型），他们通过将不对称信息引入了在位者和竞争者的重复博弈之中，解释了在理论上有限次博弈中不可能出现但是在现实中却经常出现的称之为悖论的合作行为。KMRW模型连同米尔格龙和罗伯特（Milgrom& Roberts，1982）、克雷普斯和威尔逊（Kreps & Wilson，1982）的另外两篇论文，为后来声誉机制的研究奠定了重要基础。

随着博弈论和信息经济学的兴起，有关声誉的研究文献也日益丰富，具有代表性的有：①声誉交易理论：克雷普斯（Kreps，1990）应用重复博弈的无名氏定理研究声誉的交易问题，认为企业声誉是一项可以交易的无形资产；泰德利斯（Tadelis，1999）通过在声誉模型中引入“逆向选择”，发现企业声誉附属于企业名称传递了企业及企业所有者的信息，证明了企业声誉是附属在企业名称并由企业名称展现的一种重要无形资产。②声誉信息理论：米尔格龙（1990）、克莱因（Klein，1992）研究发现声誉的信息流动对于降低信息不对称方面有重要作用；派尔（Pyle，2002）的研究结论区分了两种声誉信息流渠道：一种是通过独立企业自发产生，一般是短期的；另一种是第三方组织协调（如银行信用记录、信用评级机构、行业协会等），一般是长期的且可信度较高。③声誉激励理论：霍姆斯特姆（Holmstrom，1982）研究表明，经理人的市场声誉可以作为显性激励契约的替代物，激励经理人在现期提供更多努力以提高自己在经理人市场中的声誉；他进一步的研究证明，市场对经理人能力的不确定性越大，则经理人劳务投入的回报就越大。随着时间的增加，市场对经理人的能力会越来越了解，所以经理人劳务投入的积极性就会下降，因为经理人的报酬是由其本身的能力所决定的。④声誉网络理论：伯杰（Berger，1988）认为，声誉是在消费者网络口头交流中形成的；布罗姆利（Bromley，1993）的研究也认为，顾客与市场中的其他参与者分享企业的相关信息，就组成了声誉信息网络。

4.1.2 企业声誉理论的主要模型

1. 佛姆布恩和尚利（Formbrun & Shanley）的声誉形成模型①

佛姆布恩和尚利（1990）认为经济绩效并非唯一评价企业的标准。企业有很多利益相关者，他们对企业业绩的评价标准也不尽相同，因此，企业声誉的形成不仅涉及经济指标，还涉及非经济指标。他们认为企业声誉在市场中可以作为一种明确的信号，来影响利益相关者以及社会公众对公司的态度和行为；另外，声誉反过来可以影响企业的行为，如果企业认为自己的声誉有价值，就会为了保护声誉来约束自身行为，使自己的声誉符合社会规范。

企业声誉形成模型如图4－1所示，佛姆布恩和尚利（1990）认为企业的声誉形成过程实际上是一个动态调整的过程，企业过去的（T－M，…，T－1）活动会影响企业过去的经济面和非经济面因素，也会影响企业当年（T）的行动；而企业当年的活动又会影响企业当年的经济面和非经济面因素，因此作为间接影响企业声誉的因素。当年所形成的企业信息会直接影响当年的声誉，而当年的声誉也会影响到企业以后的行动。

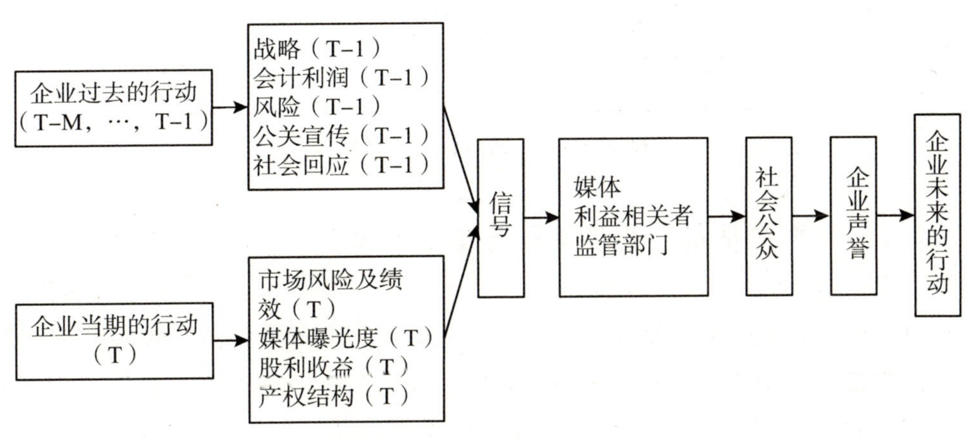

图4－1 企业声誉形成模型

① 李延喜等．声誉理论研究述评［J］．管理评论，2010（10）：3－11．

2. 格雷和巴尔莫（Gray & Balmer）的企业声誉创立模型①

格雷和巴尔莫（1998）认为企业声誉是一种重要的战略资源，可以形成企业的竞争优势。因此在佛姆布恩的研究基础上，提出了企业声誉与形象管理模型，来引导管理者进行声誉管理。

企业声誉创立模型如图4－2所示，格雷和巴尔莫（1998）在模型中引入了企业身份识别、企业间沟通与企业形象、企业声誉之间的传导机制。他们认为企业身份是企业独一无二的组织特性，如企业策略、企业文化等；企业沟通则是企业通过不同的传媒将企业身份传达给各利益相关者和社会公众，是企业身份与企业形象、声誉的纽带；企业形象则是利益相关者及公众对企业形成的心理映像。企业通过建立短期的企业形象并加以维护保持从而形成长期的企业声誉。

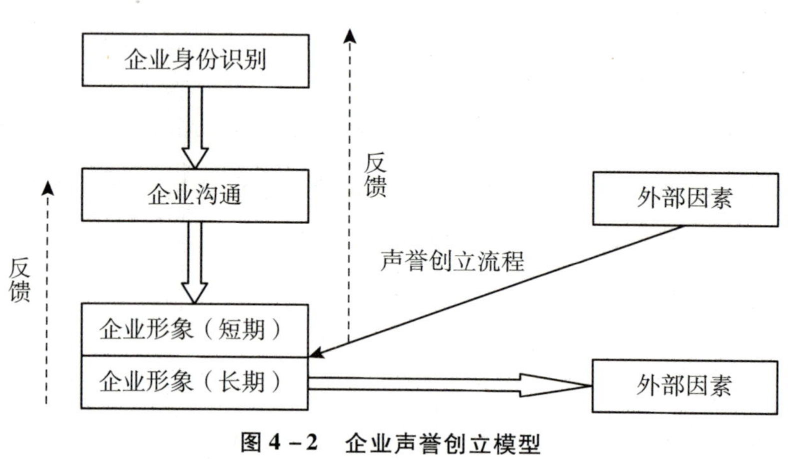

图4－2 企业声誉创立模型

4.1.3 声誉机制、政治关联与盈余管理

对于任何组织或个人而言，声誉都至关重要。小到个人，大到国家，如果没有声誉都将寸步难行。而对于企业而言，声誉更是决定着其生死存亡。不论是美国的安然公司、世通公司，还是中国的蓝田股份、三鹿乳业，都未能逃脱声誉危机之后轰然倒塌的厄运。交易之间的信息不对称是产生声誉的主要原因

① 李延喜等．声誉理论研究述评［J］．管理评论，2010（10）：3－11.

（Allen，1984），而声誉又可以在一定程度上降低信息不对称程度。企业更希望通过自身的积极行动建立或积累良好的声誉（如优异的经营业绩、良好的企业文化、雄厚的政府背景），并通过一定的途径（如财务报告、各种媒体）传递给契约方（包括潜在契约方），以此树立企业良好形象，进而吸引契约方将更多的资源投入企业，并可以降低交易费用。

企业建立或积累良好声誉的一个重要途径，就是通过构建政治关联搭建政府关系平台。企业可以通过这一平台正确处理与协调其与政府的关系，从而争取政府及各职能部门对本企业的了解、信任与支持，进而为本企业的生存与发展争取良好的政策环境、法律保障、行政支持和社会政治条件。因此，对于我国民营企业而言，政治关联无疑是一种重要的声誉机制，具有政治关联的民营企业可以向契约方传递以下信号：①企业自身综合实力强，能够得到社会公众的认可，只有具有良好声誉的企业才有可能得到政府的青睐；②企业能够利用政治关联从政府获得更多的经济资源和政策支持，企业具有良好的发展前景；③如果企业陷入危机，政府更有可能伸出“援助之手”助其渡过难关，这相当于为企业提供了一个可靠的“隐性担保”。总之，具有政治关联的民营企业一般声誉都比较好（即便企业实际情况并非如此），政治关联作为一种声誉机制，可以向契约方传递积极信号。

企业是契约方参与的一系列契约的集合体。企业契约方包括股东、管理层、债权人、供应商、客户、员工、政府部门以及社会公众等，他们将自己所拥有的各种资源（广义的资源概念）投入企业，同时也就拥有了与之对应的企业所有权。契约方在投入资源的过程中，会密切关注企业的运行状况，以确保其投入资源价值的保值与增值。而对于企业而言，除了管理层之外，其他契约方都是“外部人”，由于信息不对称的存在，他们无法及时掌握企业的内部运行状况。因此，为了及时掌握企业信息，契约方必须借助一个载体，而在众多载体中，会计信息具有得天独厚的优势。为了保证决策的正确性，契约方要求企业提供的会计信息必须符合会计信息质量要求。对于不具有政治关联的民营企业而言，如果企业提供的会计信息不符合会计信息质量要求，契约方就有可能拒绝向企业提供资源，或者提高交易成本，抑或解除契约关系，并且企业将可能面临诉讼与惩罚的风险。而对于具有政治关联的民营企业而言，由于政治关联是一种重要的声誉机制，契约方更容易相信政府青睐的企业就是“好企业”，而“好企业”即便陷入危机，政府也会出面化解危机。因此，政治关联在一定程度上转移了契约方对会计信息的关注，降低了对会计信息质量的要求，进而放松了对企业盈余管理的约束，为企业进行盈余管理提供了更大的机会和空间。此外，在政治关联的“庇护”作用下，政府相关职能部门也放松了对企业盈余管理的监管约束。

4.2 基于资源依赖视角政治关联对盈余管理的影响机制

4.2.1 资源依赖理论概述

资源依赖理论萌芽于塞尔兹尼克（Selznick，1949）对田纳西河流域管理局（Tennessee Valley Authority，TVA）的经典研究。TVA 是当时美国最大的公共管理机构，该机构发现其经营绩效依赖于南方地方精英，于是就将他们纳入它的决策结构中，塞尔兹尼克将这一过程称之为“共同抉择”。将近 10 年之后，汤普森和麦克尤恩（Thompson & McEwen，1958）确立了组织之间合作关系的三种类型，即联盟、商议和共同决策。1967 年，汤普森提出了一种综合性的组织权力—依赖模式，认为一个组织对另一个组织的依赖，与该组织对其所依赖的那个组织能够提供的资源的需求成正比，而与可替代的其他组织提供相同的资源的能力成反比。之后，扎尔德（Zald，1970）提出了一种“政治经济”视角，其主要目的虽然是为了解释组织变迁的方向和过程，但是着重于组织内外的政治结构。

虽然以上研究已经使组织分析远远脱离了原来的封闭系统模式，但是直到 20 世纪 70 年代，组织分析的重点才明确地转向组织间的分析层次（马迎贤，2004）。普费弗和兰希克（Pfeffer & Salancik）是资源依赖理论的集大成者，两人于 1978 年出版的专著《组织的外部控制：资源依赖观点》（*The External Control of Organizations：A Resource Dependence Perspective*）被公认为资源依赖理论的开山之作。他们提出了四个重要假设：组织最重要的是关心生存；为了生存，组织需要资源，而组织自己通常不能生产这些资源；组织必须与它所依赖的环境中的因素互动，这些因素通常包含其他组织；组织生存建立在一个控制它与其他组织关系的能力基础之上（马迎贤，2004）。

20世纪80年代以后，资源依赖理论得到进一步发展。伯特（Burt，1983）在前人研究的基础上提出了“结构自主性”模式来解释共同抉择和公司绩效。伯特认为，只要社会网络中的行动者避免依赖其他人，在社会结构中占据相对稀疏的（非竞争性的）位置，并且受到那些占据相对拥挤的（竞争性的）位置的行动者的依赖，那么该行动者将会受益。贝克（Baker，1990）探讨了对于公司而言，采用何种方式处理与其他公司的资源依赖关系。这项研究显示了公司主动处理与那些控制着重要资源的公司之间关系的方式，这就超越了关于依赖和共同抉择的早期研究（马迎贤，2004）。

4.2.2 资源依赖理论的主要思想

资源依赖理论的主要思想，可以概括为以下几点：①

（1）组织是一个开放的系统，它根植于由其他组织所构成的相互联系的社会环境之中。组织生存与发展的关键是具有获取和维持资源的能力，但任何组织都不可能对其所需的全部资源具有完全的控制能力，因为大量攸关组织生存与发展的稀缺资源（包括财政资源、物质资源、信息资源等）都被环境中的其他组织所控制。因此，组织要想生存与发展，就不得不依赖于外部环境，通过与环境中的其他组织进行交换，以获取自身不具有控制权的资源。

（2）组织的生存与发展受到环境的约束，但即便是这样，假如环境能够源源不断地提供组织所需要的资源，那么组织也不存在生存问题。但问题的关键在于环境本身具有不可依赖性，即环境并不是稳定的，它在持续、动态地发生变化，不时有新的组织进入，也不时有老的组织退出，并且资源的供给或多或少都存在稀缺性，这就使得组织对环境的依赖具有很大的不确定性。

（3）虽然组织生存依赖于环境，并且环境具有不可依赖性，但组织并不是无计可施。组织应该持续关注环境的动态变化，并积极主动地采取战略措施，与外部环境中的其他组织进行交换，以减少对环境的依赖以及降低这种依赖的不确定性，同时尽量提高其他组织对自身的依赖程度。组织战略不仅要关注产

① 杰弗里·菲佛，杰勒尔德·R·萨兰基克．组织的外部控制——对组织资源依赖的分析［M］．北京：东方出版社，2006.

品和顾客，还要重视供应商和所处环境中的其他组织，其中包括政府组织，因为这些组织对资源的流入具有很大的影响。

4.2.3 资源依赖、政治关联与盈余管理

企业作为一种重要的组织形式，它的生存与发展离不开资源，因此也必然依赖于外部环境。资源依赖理论认为，组织应对环境依赖性的一种方法是吸收环境，即将环境纳入组织内部，尤其是在这种相互依赖性较强且给组织带来很大的不确定性时（费显政，2005）。对于企业而言，可以通过整合外部环境中的其他组织，来减少对外部环境的依赖以及依赖的不确定性。例如，企业可以通过纵向兼并以减少上下游供应链的相互依赖；企业可以通过横向兼并以减少竞争者对相同资源的依赖；企业还可以通过多元化并购，以减少组织对单一的、关键的资源的依赖。除此之外，企业还可以通过交叉董事会、合资企业、行业协会和行为规范等方式建立组织与环境沟通的桥梁和谈判的渠道（费显政，2005）。尽管上述机制足以应对一般性情况，但在更为丰富的相互联系的系统中，这些措施可能就无法发挥作用了。例如，假设掌握资源的一方实力非常雄厚（例如政府），组织不大可能通过兼并该组织以降低对其依赖程度。

在我国，企业对环境的依赖，最为主要的是体现在对政府的依赖。因为政府不仅掌握着包括土地资源、矿产资源、森林资源、海洋资源、人力资源、信息资源、金融资源等在内的多种硬性资源（狭义资源概念），而且还掌握着包括政府采购计划、税收优惠政策、政府补贴政策、信贷政策、行政审批权等在内的多种软性资源（广义资源概念）。在一个充分竞争的市场中，市场发挥着资源配置的基础性作用，市场分配资源的依据是经济性主从次序，即企业生产效率的高低。但在我国，市场尚未担当起资源配置的基础性作用的大任，资源分配的主体仍然由政府充当，而政府分配资源的依据并非企业的经济性主从次序，而是体制性主从次序，即企业政治身份的尊卑（Huang，2003）。从图 4 – 3 可以看出，我国民营企业虽然更有效率，但由于处在体制性主从次序的末端，在资源获取上无法与国有企业以及集体企业等量齐观，受到较多制约，这在很大程度上限制了民营企业的发展。因此，我国民营企业为了获取生存与发展所需的各种资源，必须依赖于在资源分配中起主导作用的政府，而民营企业要想获得政府的青睐以规避资源分配上的劣势，通过构建政治关联与政府搞好关系

便成为重要的战略选择。

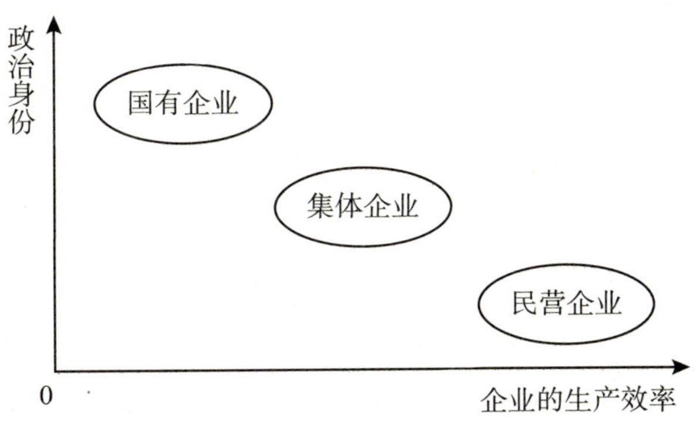

图4－3　中国企业的体制性主从次序

事实上，政府及其官员为了更好地实现其政治目标或者出于个人私利，在资源分配过程中都有动机向与其关系密切的企业倾斜。但是，为了维护社会经济秩序的稳定，政府必须秉公办事以维护其公正的形象，从而决定了政府不可能不讲任何原则地肆意分配资源。因此，政府在行使资源分配权时也必须有一定的依据。而会计信息，作为一种具有定价功能的经济资源，自然成为众多“依据”中的首选。例如，企业申请高新技术企业、申请银行贷款，以及申请政府补助等，相关部门设定的条件中都包含很多财务指标（会计信息），① 并且这些指标基本都属于否决性指标，一旦达不到要求，将很难通过审批。那么，当企业相关财务指标无法满足条件要求时，渴望通过审批的企业就有“粉饰”相关财务指标的动机。而盈余管理通常是企业“粉饰”财务指标的重要手段。但实施盈余管理本身是存在一定风险的，一旦被发现不仅申请有可能无法获得审批，还有可能承担诉讼和惩罚的风险。而对于具有政治关联的民营企

① 以申请认定高新技术企业为例：根据国税函〔2009〕203号的规定，申请认定高新技术企业必须按照国科发火〔2008〕172号《高新技术企业认定管理办法》的相关规定进行申报，并且必须同时满足六项条件，其中涉及财务指标的条件包括：“……（四）企业为获得科学技术（不包括人文、社会科学）新知识，创造性运用科学技术新知识，或实质性改进技术、产品（服务）而持续进行了研究开发活动，且近三个会计年度的研究开发费用总额占销售收入总额的比例符合如下要求：（1）最近一年销售收入小于5000万元的企业，比例不低于6%；（2）最近一年销售收入在5000万元至20000万元的企业，比例不低于4%；（3）最近一年销售收入在20000万元以上的企业，比例不低于3%。其中，企业在中国境内发生的研究开发费用总额占全部研究开发费用总额的比例不低于60%。企业注册成立时间不足三年的，按实际经营年限计算；（五）高新技术产品（服务）收入占企业当年总收入的60%以上；（六）企业……销售与总资产成长性等指标符合《高新技术企业认定管理工作指引》（另行制定）的要求。”

业而言，可以利用政治关联疏通相关部门，争取其在审查申请材料时，只要满足形式要件即可；即便在形式要件满足的前提下被审查出实质要件不符，企业也可以利用政治关联提高申请通过审批的可能性；再退一步说，即便申请最终未通过审批，政治关联至少可以降低企业因实施盈余管理而面临诉讼和惩罚的风险。因此，在政治关联的“庇护”作用下，民营企业更有动机和空间利用盈余管理“粉饰”会计信息，以获取更多的资源。

4.3 基于产权保护视角政治关联对盈余管理的影响机制

4.3.1 现代产权理论概述

现代产权理论体系主要研究现代市场经济中产权及其结构和安排对资源配置及使用效率的作用和影响，是新制度经济学框架之下的重要理论分支。1991年诺贝尔经济学奖获得者科斯（Coase）是现代西方产权理论的奠基人，他的两篇论文《企业的性质》（*The Nature of the Firm*）和《社会成本问题》（*The Problem of Social Cost*）被公认为现代西方产权理论的开山之作，从而奠定了科斯作为现代西方产权理论的鼻祖和主要代表的地位。现代产权理论的另一位开创性代表人物是诺斯（North），他由于建立了包括产权理论、国家理论和意识形态理论在内的制度变迁理论，成为继科斯之后第二位获得诺贝尔经济学奖（1993）的产权经济学家。如果说，科斯发现了新古典经济学中制度无涉的不足，从微观横向视角把产权及其交易费用引进了经济学分析，解释了企业存在于市场之中的根源，深化了人们对价格机制的理解，那么他则进一步从经济史的纵向宏观视角分析了产权制度对一国长期经济增长的重要性（张志华，2013）。现代产权理论的其他代表人物还包括阿尔奇安（Alchian）、威廉姆森（Williamson）①、舒尔茨（Schuhz）、斯蒂格勒（Stigler）、德姆塞茨（Demsetz）和张五

① Oliver · Eaton · Williamson（1932. 9. 27 ~），“新制度经济学”的命名者，交易费用经济学的“正统地位”的建立者，是全球第三位获得诺贝尔经济学奖（2009 年）的产权经济学家。

常（Steven Cheung）等人。

4.3.2 现代产权理论的主要思想

现代产权理论的主要思想，可以归纳为以下几点：

1. 关于产权边界

清晰的产权是市场交易的先决条件和基础，而建立产权制度又是清晰界定产权的保障。只有在产权制度建立以后，在明晰了产权主体与客体的基础上，明确可以交易权利的边界、类型及归属问题，并且这些问题能够被交易者与市场识别与承认，交易才能顺利进行。没有明确的产权制度，也就没有清晰的产权和正常的交易秩序，市场也就无法正常运行。

2. 关于交易费用

交易费用理论是现代产权理论大厦的基础。科斯（Coase，1937）首先提出了交易费用这一概念，他认为，任何社会的一切经济活动都存在交易费用。如果一个市场不存在交易费用，也就不存在摩擦和缺陷。市场之所以存在摩擦和缺陷，并不是因为市场机制本身，而在于产权界定不明晰，由此带来“外部不经济”问题，因而提高了交易费用，影响了资源配置的效率。解决这一问题的关键，不在于国家是否应该干预经济，而在于如何明晰产权，以降低交易费用。

3. 关于产权的功能和收益

产权可以被看作是一种特殊的、具有公共物品性质的、可以被生产出来的“产品”，其具有特定功能并会产生“收益”。产权制度的功能包括：为人们提供竞争与合作的框架，充当各种物质生产要素组合的黏合剂和各种经济组织的依托；为经济当事人提供特定的经济激励和约束，使之通过权力配置实现资源配置并分配收益；有助于形成稳定的经济预期，节约各种交易费用。这些功能的发挥，带来的是产权制度的收益。这种制度性收益可以理解为经济增长中无法用物质要素增加来解释的“余值”的部分。

4. 关于产权的成本

由于产权制度是可以生产出来的，因此它的“制造”与运行就必然要耗费经济资源或成本，例如产权的界定、实施、交易，以及产权制度的变迁，都要付出成本。这类制度性成本与直接生产成本一并构成了社会生产总成本。而制度性成本以前常常被忽视了。

5. 关于产权的效率

产权制度的收益与成本的比值就是产权制度的效率。不同的产权结构和产权安排，会产生不同的经济效率，产权决定绩效。一个经济社会在不同的发展阶段上，或在同一时段的不同空间范围，可能存在效率悬殊的产权制度。因此，一个国家的经济发展潜力和实际绩效，不仅取决于其经济资源禀赋条件，也极大地依赖于其制度禀赋。

6. 关于产权制度的变迁

不同的产权制度在收益、成本、效率方面的差异性，意味着产权制度有优劣之分。一般来说，谋求更高的制度效率就引致了对特定产权制度的“需求”与“供给”，进而引致不同产权制度的替代和变迁。产权制度的变迁是社会制度整体结构的产物，不同的产权制度构成了一个国家社会经济制度的主要方面。社会的进步在于人们有可能认识和选择可以降低交易费用的产权制度和安排。

4.3.3 产权保护、政治关联与盈余管理

现代产权理论认为，一国经济增长的原因是采取了合适的经济制度，而这个经济制度的核心就是产权制度。因此，如果某一社会能够维护产权的安全，能够保护产权免受侵犯或受侵犯时可以获得补偿，以及能够将全部或部分产权自由转让给出价更高的人，那么这样的社会便更有可能走向成功（Cass A. R.，2003）。事实上，根据诺斯（1990）的研究，英国在世界上第一个完成了工业革命，并非因为英国当时的蒸汽技术最为先进，而是因为英国第一个建立了保护私人产权的制度，有效的产权保护，刺激了民间的投资和金融创新。诺斯因

此称“工业革命”的实质不是技术革命，而是一场制度革命。没有私人产权的保护，就不会有工业革命的产生，就不会有持续不断的革命性的创新（许小年，2012）。

诺斯（1994）同样认为，政治制度对经济成效有着极大影响，因为它们确定和实施了经济规则。因此，发展政策的核心是建立能产生和实施有效率的产权的政治制度（张志华，2013）。在我国，党和政府已充分意识到产权保护对于经济发展的重要意义，充分意识到“不论是公有产权还是私有产权，也不论是强势产权还是弱势产权，均应该得到平等有效的保护”（张荣武，2010）。因此不论是经济改革还是政治改革，始终围绕着所有制和产权这一主线展开。明晰和保护产权（尤其是“弱势产权”）已经成为我国社会主义市场经济体制改革过程中的重要价值取向，也是和谐社会建设的基本要求（曹越和伍中信，2009）。从十四届三中全会提出要建立产权清晰的现代企业制度，到十八届三中全会提出要完善产权保护制度，党中央关于产权保护的顶层政策设计已日臻完善。与此同时，产权保护导向的法制建设正在稳步推进：新修订的《公司法》（2014）、《反垄断法》（2007）、《劳动合同法》（2007）、《破产法》（2006）和《证券法》（2004）等已经出台，被誉为“市场经济基石”的《物权法》（2007）也已经颁布。然而在实际中，我国产权保护的现状仍然不容乐观，产权保护仍然存在很多问题：①

①在法律上和现实中，对国有产权与私有产权的保护力度存在较大差异。国有产权更容易得到重视和保护，而民营产权更容易受到忽视和侵害；②司法体系尚有待完善，一些涉及民营企业的产权纠纷得不到妥善的解决，产权保护在很多情况下成为可望而不可即的“水中月”和“镜中花”；③政府掌握很多资源，为了获取生存与发展所需资源，企业有时不得不按照潜规则与政府打交道；④初次分配的不平等，引致收入分配的不合理，导致社会上存在一些不满情绪；如果政府不去纠正初次分配中的不平等，而过分依赖行政和税收的手段进行二次分配，非但无法缩小贫富差距，反而会削弱社会对产权的尊重。

可以看出，虽然我国产权保护的法治环境逐步得到改善，但由于民营企业处于体制性主从次序的末端，虽然目前法律上已经明确要加强对私有产权的保护，但实际上民营企业产权受到侵害的事件也屡见不鲜，这在一定程度上打击

① 许小年．中国经济的转型与产权保护［J］．新金融，2012（6）：11－13.

了民营企业的积极性，民营企业的产权保护仍然任重而道远。诺斯（1990）认为，产权是制度框架的函数，而制度是用来规范人们在社会交往中的约束规则，它由正式制度、非正式制度与它的实施特征三个方面组成，其中正式制度主要指政治法律制度，而非正式制度是这个社会长期形成的行为规范、习俗和自愿遵守的行为准则等，实施特征则是指这些制度在具体的社会文化背景的运行机制及其实施效果（张志华，2013）。在当前社会中，非正式制度广泛存在，并构成正式制度的实施基础，离开了非正式制度的支持，绝大多数的正式制度无法实施（曾牧，2011）。而在中国是礼仪之邦，人情世故自古存在，人与人之间的“关系”可谓是重要的非正式制度，在某些特定条件下，甚至有可能比法律等正式制度发挥更大的作用。结合我国产权保护的实际情况，民营企业清楚地意识到，即便是产权保护相关法规很完备，如果与政府的关系疏远，这些法规也很难真正发挥实效。因此，当民营企业面临产权保护困境时，通过构建政治关联与政府搞好关系便成为其自然选择，以此作为法律制度的替代机制来保护民营企业产权免受侵害（Chen et al.，2005；Bai et al.，2006；潘红波等，2008；胡旭阳，2010；唐英凯等，2011）。

然而，政治关联虽然在一定程度上可以保护民营企业产权免受其他利益主体的侵害（如竞争对手），但民营企业产权也有可能因为个别政府部门执法不当，或者因部分官员为了实现其个人目的而受到侵害，例如，迫使企业增加雇员规模以促进就业（梁莱歆等，2010）、扩张投资以促进地区 GDP 增长（连军等，2011）、慈善捐赠以促进公益事业发展（李四海，2010）等。在此状况下，盈余管理往往成为民营企业保护产权免受侵害的一种手段。具体而言，由于政治关联使得契约方放松了对盈余管理的约束，从而为民营企业实施盈余管理提供了更多的机会和空间，因此，对于具有政治关联的民营企业而言，可以利用盈余管理隐藏或者推迟确认收益，以此达到“藏富”的目的，进而在一定程度上避免产权因个别政府部门执法不当或部分官员追求私利而受到侵害。

4.4 本章小结

本章从声誉机制、资源依赖和产权保护视角，论证了民营企业构建政治关联的动机，并进一步阐述了政治关联对民营企业盈余管理的影响机制。基本思路可概括如下：在我国转型经济背景下，市场尚不能充分发挥资源配置的基础性作用，法制也不能完全发挥有效保护产权的功能，政府在资源配置和产权保护方面仍然居于主导地位。因此，对于一直处于弱势地位的民营企业，为了获取资源和产权保护，积极构建政治关联便成为其重要的战略选择。而在政治关联声誉机制和“庇护”作用下，契约方（包括政府）放松了对企业盈余管理的约束，从而为企业实施盈余管理提供了更大的机会和空间。在这一前提下，民营企业很有可能会利用盈余管理“粉饰”企业财务指标，以此达到获取资源的目的；民营企业也很有可能利用盈余管理推迟确认收益或者隐藏收益，通过“藏富”达到产权因个别政府部门执法不当或因部分官员追求私利而受到侵害的目的。本章的基本思路如图4－4所示。

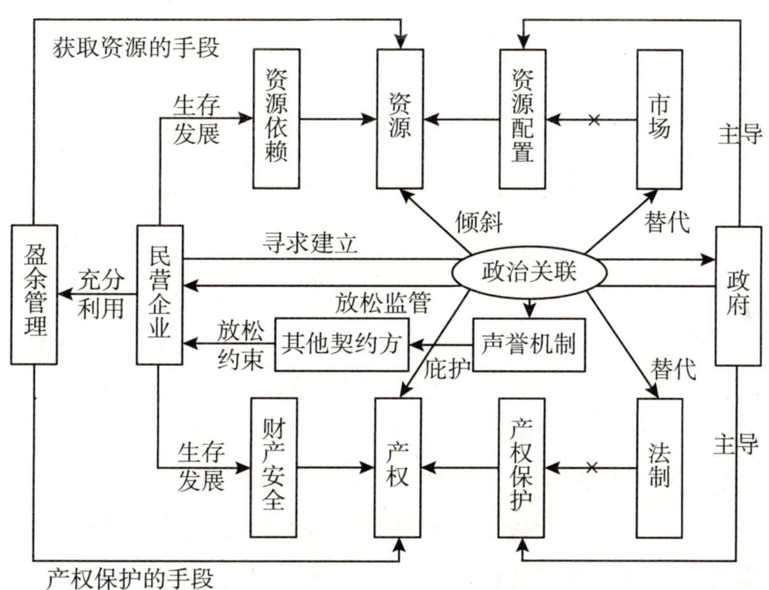

图4－4 政治关联对盈余管理的影响机制

第5章

民营企业政治关联指数模型设计研究

5.1 引　　言

如何度量政治关联一直是一个难点问题。国外对于政治关联的度量主要使用虚拟变量法（Faccio，2006；Fan et al. ，2007；Boubakri et al. ，2008），即如果公司的高管曾有或现有政治经历，则虚拟变量取值1，否则取值0。虚拟变量法的优点是简单明了，可操作性强，因此国内很多学者在研究中也借鉴了这一方法（余明桂和潘红波，2008；胡永平和张宗义，2009；邓新明，2011）。但是，虚拟变量法的最大缺点在于其“非此即彼”的度量结果过于绝对，无法有效度量不同企业政治关联的强度差异，而强度差异能否得到有效度量，又将直接影响到与政治关联相关领域的研究进展以及研究结果的可靠性。因此，我们认为专门进行政治关联度量研究具有重要的现实意义。本章将深入研究政治关联的本质特征，综合考虑我国制度背景以及民营企业公司治理特征，在此基础上构建政治关联指标体系，并借助层次分析法（AHP）和yaahp V6.0软件构建民营企业政治关联指数模型，然后随机选择2012年深圳中小板的10家具有政治关联的民营上市公司，对政治关联指数模型加以应用和初步检验。

5.2　民营企业政治关联的本质特征

本质特征是一个事物区别于其他事物的关键所在，能否抓住本质特征决定了对事物认识的深度和广度。因此，我们认为，研究政治关联首先应立足于分析其本质特征。在已有研究基础上，我们分析发现我国民营企业政治关联具有层级性、累加性和时效性等本质特征，这不仅加深了我们对于政治关联的理解，而且为政治关联指数模型的构建提供了理论依据。

5.2.1　政治关联具有层级性

我们认为，政治关联具有层级性①，具体包括政治层级性和管理层级性。所谓政治层级性，即公司董事会、监事会或者管理层成员在“管理层级”相同的前提下，所担任的行政职位级别或者拥有的政治身份级别越高，其政治影响力越大，那么企业的政治关联强度也就越大。例如，假设 A 企业和 B 企业是同质的，甲和乙两人分别为 A 企业和 B 企业的董事长（即“管理层级”相同），但甲是市人大代表，而乙是全国人大代表（即“政治层级”不同）。按照传统的虚拟变量法，这两个企业都具有政治关联，且政治关联强度无差异（均赋值为 1）。这显然是不合适的，虽然两人都是董事长，但由于乙是全国人大代表，其“政治层级”显然高于甲，那么一般而言乙的政治影响力也应该高于甲，所以与此相对应，我们有理由相信 B 企业的政治关联强度应该大于 A 企业。

所谓“管理层级性”，即公司成员在“政治层级”相同的前提下，其在董事会、监事会或者经理层中所担任的职位越高，其越具备充分发挥政治影响力的条件，那么企业的政治关联强度也就越大。例如，假设 A 企业和 B 企业是同质的，甲和乙两人均是某市人大代表（即“政治层级”相同），但甲是 A 公司的董事长，而乙是 B 公司的副总经理（即“管理层级”不同）。按照传统的虚拟变量法，这两个企业都具有政治关联，且政治关联强度无差异（均赋值为 1）。这显然也是不合理的，由于甲的“管理层级”显然高于乙，

① 我们认为，政治关联的层级性源于传统的“社会层级结构”。所谓社会层级结构，根据韩庆祥（2007）的观点，其本意是指在传统社会的政治国家内部，依据权力至上而形成的权力级别阶梯和权力层级结构。这一价值准则后被移植到经济、社会和文化等领域，也根据人们拥有的权力大小、地位高低、身份有别建立起相应的社会关系。传统的“社会层级结构”在大多数国家都曾产生过重大影响，在中国两千年的封建社会更是影响深远。在现代中国，伴随着市场经济改革和政治体制改革，虽然这种“权力至上”的“社会层级结构”的影响力正在逐步减弱，但不可否认，它在一定程度上仍然影响着人们的思维和行为，“层级观念”和“层级现象”依然普遍存在。

那么一般而言，相对于乙在B企业中的权力范围和影响力，甲在A企业中的权力范围和影响力应该更大，所以甲也更具备充分发挥其政治影响力的条件。因此，与此相对应，我们有理由相信A企业的政治关联强度应该大于B企业。

5.2.2 政治关联具有累加性

我们认为，政治关联具有累加性：一般而言，当公司董事会、监事会或管理层中拥有政治身份的成员数大于1时，政治关联会产生累加效应，即政治关联如同长度、重量、体积等概念一样，在采用统一的标准进行度量之后，可以加总求和、累计计算。例如，假设A企业和B企业是同质的，A企业只有董事长是某市人大代表，而B企业的董事长和总经理都是某市人大代表。按照虚拟变量法，这两个企业都具有政治关联，且政治关联强度无差异（均赋值为1）。这显然是不合适的，由于B企业董事长和总经理都是人大代表，依据政治关联的累加性，公司拥有政治身份的成员数越多，公司的政治关联强度就越大，因此，我们有理由相信B企业的政治关联强度应该大于A企业。此外，需要说明两点：第一，我们仅仅单纯考虑政治关联强度具有累加性，而不会就此推断政治关联效用具有累加性①；第二，当同一个公司成员同时担任不同层级的公司职位或同时拥有不同层级的政治身份时，不适用累加性原则，而是依据孰高原则，从中选择层级最高的公司职位或者层级最高的政治身份，以此作为度量政治关联强度的依据。例如，假设甲是A企业的董事长并兼任总经理，甲既是省人大代表又是全国人大代表，那么按照“孰高”原则，只能选择公司层级较高的董事长和政治层级较高的全国人大代表作为度量政治关联强度的依据。

5.2.3 政治关联具有时效性

我们认为，政治关联具有时效性：一般而言，企业家可以利用现有的政治

① 一般而言，具有政治关联的人数越多，企业的政治影响力越大（强度问题），但这种政治影响力会给企业带来什么样的影响（效用问题），此处不做推论。

身份搭建和维护政治关系网络①，为本企业的发展争取到更多的经济资源和政策支持；而对于曾经具有政治身份但现在已经不在其位者，虽然有可能依靠曾经建立的关系网络继续发挥“余热”，但随着不在其位时间的不断推移，以往建立的政治关系网络将难以继续维持②，政治关联的“余热”也会随之慢慢减退。例如，假设 A 企业和 B 企业是同质的，A 企业的董事长曾经是某市人大代表，而 B 企业的董事长是现任某市人大代表，按照传统的虚拟变量法，这两个企业都具有政治关联，且政治关联强度无差异（均赋值为 1）。这显然不符合常理，由于 A 企业董事长是离任的人大代表，而 B 企业董事长是现任人大代表，依据政治关联的时效性，现任的人大代表应该比离任的人大代表具有更大的政治影响力，因此，我们有理由相信 B 企业政治关联强度应该大于 A 企业。

基于以上分析，我们认为企业政治关联具有层级性、累加性和时效性等本质特征，从而导致政治关联存在强度差异。而传统的虚拟变量法“非此即彼”的度量结果忽略了这些本质特征，无法有效度量政治关联的强度差异。为了反映层级性，有学者采用赋值法（胡旭阳，2006；邓建平和曾勇，2009），即根据政治身份的级别赋予不同分值，级别越高，分值越高；但该方法忽视了政治关联具有累加性和时效性特征。为了反映累加性，有学者尝试用具有政治背景的董事比例来度量政治关联（Goldman et al.，2009；罗党论和刘晓龙，2009），但该方法无法兼顾政治关联层级性和时效性特征；李维安和邱艾超（2010）在充分借鉴 $CCGI^{NK}$ 公司治理指数的基础上，依据公司治理层级的系统性原理，初步构建了反映中国民营上市公司综合政治关联的政治关联指数（PC 指数）。该指数综合考虑了政治关联的层级性、累加性和时效性，为科学度量企业政治关联提供了一种有效的方法。但是该方法在指数模型中只考虑了公司实际控制人、董事长、CEO，以及监事会主席的政治身份，而未考虑对公司经营和财务决策有重要影响的其他公司成员，这可能会在一定程度上降低该指数的精确性。

---

① 例如，人大代表通过参加人民代表大会，有机会接触各级政府官员，从而更有可能建立更加直接、有效的政治关联网络。

② 例如，政府部门人事变动很容易使原有的关系网络也发生变动，在这种情况下如果企业家本人已不在其位（例如已不担任人大代表），建立新的或者维护原有关系网络就显得比较困难。

5.3 民营企业政治关联指标体系构建

5.3.1 政治关联指标体系构建原则

1. 针对性原则

指标体系的设计不能脱离研究对象，而应该要围绕研究对象进行有针对性的设计。本书的研究对象是我国民营上市公司政治关联，因此政治关联指标体系应该针对我国民营上市公司的特点进行设计，指标的选择要尽量考虑到我国民营上市公司的治理结构特征、政治关联特征等因素，使之符合实际情况。

2. 全面性原则

指标体系的设计不能一叶障目、以偏概全，应该全面体现研究对象的本质特征。前已述及，政治关联具有层级性、累加性以及时效性等本质特征，政治关联指数是否能够有效度量政治关联的强度差异，很大程度上取决于政治关联指标体系的设计是否能够全面涵盖上述本质特征。

3. 重要性原则

这是一个与全面性原则相辅相成的原则。全面性原则要求指标体系的构建能够全面涵盖企业政治关联的本质特征，而重要性原则则要求在选择具体指标时不能“眉毛胡子一般抓”，要分清主次，要突出重点，要选择最能体现民营企业政治关联本质特征的指标。

4. 系统性原则

构成政治关联指标体系的各个指标之间不是孤立的，而是相互联系、相辅相成的。因此，政治关联指标体系的设计，既要考虑指标体系的层次性和独立性，又要考虑指标体系的整体性和相关性；既要考虑指标体系的横向关系，还要考虑指标体系的纵向关系；整个指标体系不是各层次、各指标的简单相加，而是系统性的有序组合。

5. 可操作性原则

政治关联指标体系的构建是构建政治关联指数模型的基础，政治关联指标体系的构建是否具有可操作性和可行性，将直接影响到政治关联指数模型的应用效果。因此，政治关联指标体系的设计要遵循可操作性原则，尽量做到所选取的每一个指标易于理解、取数和计量。

5.3.2　政治关联指标体系筛选过程

已有的方法无法有效度量政治关联的强度差异，因此我们有必要在政治关联本质特征的基础上，结合我国民营企业公司治理特征，有针对性地设计更加精确的民营企业政治关联指数模型。首先，我们需要构建政治关联指标体系，即选择哪些指标来度量政治关联。前已述及，政治关联具有管理层级性，即公司成员在公司“三会一层”中所处的职位越高、职权和影响力越大，其越有可能拥有一定的政治身份，也越有可能利用政治身份影响本公司的生产经营活动。因此，我们构建政治关联指标体系主要从民营企业公司管理层级的视角，通过分析公司成员在民营企业中的职权与地位，据此筛选指标构建政治关联指标体系。

1. 实际控制人

我国在 2005 年颁布的《公司法》中引入了实际控制人的概念，该法在第二百一十七条第（三）款规定，实际控制人，是指虽不是公司的股东，但通过投资关系、协议或者其他安排，能够实际支配公司行为的人。理论界对于我国《公司法》引入实际控制人概念持肯定态度，但是对于实际控制人的定义有所诟病（徐来，2012）。主要原因在于，这一定义排除了公司股东，即实际控制人并不包括控股股东或者其他股东。但是实际情况并非完全如此：根据 2012 年度财务报告披露显示，除了一部分上市公司的实际控制人不是控股股东或者其他股东（如凯恩股份、江苏宏宝、浔兴股份），还存在很多上市公司的实际控制人与控股股东或者其他股东重叠的现象。例如，天奇股份、霞客环保、苏宁云商等上市公司的实际控制人同时也是控股股东；

而伟星股份、华邦制药、中捷股份等上市公司的实际控制人虽然不是控股股东，但属于其他股东。

依据上述分析，我们可以做如下概念界定：实际控制人是指通过投资关系、协议或者其他安排，能够实际支配公司行为的人；他既可以是控股股东，也可以是控股股东的股东，甚至是除此之外的其他自然人、法人或其他组织。那么应该如何认定实际控制人呢？实务中一般以《上市公司收购管理办法》第八十四条关于“公司控制权”的规定为基本认定标准：“有下列情形之一的，为拥有上市公司控制权：①投资者为上市公司持股50%以上的控股股东；②投资者可以实际支配上市公司股份表决权超过30%；③投资者通过实际支配上市公司股份表决权能够决定公司董事会半数以上成员选任；④投资者依其可实际支配的上市公司股份表决权足以对公司股东大会的决议产生重大影响；⑤中国证监会认定的其他情形。”

不论以上述哪一款项作为认定标准，实际控制人都势必会对其实际控制的公司产生重大甚至决定性的影响。因此，如果实际控制人拥有一定的政治身份，那么也自然会对其实际控制的公司产生一定的影响。对于国有企业而言，其实际控制人为中央政府或者地方政府，而不论是哪一级政府，都拥有与生俱来的政治身份，再加上政府与国有企业具有天然的血脉关系，政府利用其政治身份影响其实际控制的国有企业是不言而喻的。而对于民营企业而言，其实际控制人一般为自然人，由于自然人之间存在很大的个体差异性，再加之公司股权结构日趋复杂化和多元化[①]，作为自然人的实际控制人及其政治背景也日趋隐蔽化。而在这种隐蔽状态下，如果实际控制人拥有一定的政治身份，那么其更有可能利用其政治身份对其实际控制的企业产生一定的影响。因此，构建民营企业政治关联指标体系，实际控制人的政治背景不容忽视。

2. 董事长

在公司治理结构中，董事会处于核心地位：董事会作为全体股东的“代理人”，同时又作为经理层的“委托人”，对公司有着整体的领导、判断和计划，并且能够制定公司的核心决策（李维安和牛建波，2011）。我国新《公司法》

① 例如，公司之间交叉持股的存在、金字塔型的持股、类别股份的发行、股权信托和表决权代理的存在、隐名股东的存在等。

（主席令第42号）[①] 第四十七条规定："董事会对股东会负责，行使下列职权：①召集股东会会议，并向股东会报告工作；②执行股东会的决议；③决定公司的经营计划和投资方案；④制订公司的年度财务预算方案、决算方案；⑤制订公司的利润分配方案和弥补亏损方案；⑥制订公司增加或者减少注册资本以及发行公司债券的方案；⑦制订公司合并、分立、解散或者变更公司形式的方案；⑧决定公司内部管理机构的设置；⑨决定聘任或者解聘公司经理及其报酬事项，并根据经理的提名决定聘任或者解聘公司副经理、财务负责人及其报酬事项；⑩制定公司的基本管理制度；⑪公司章程规定的其他职权。"这些规定都充分凸显了董事会在公司中的核心地位。

在董事会履行其职权过程中，董事长通常起关键性作用。除了领导董事会其他成员履行董事会职权外，董事长还具有其他成员不具有的职权，这些职权在旧《公司法》中，主要体现在以下几个方面：①董事长为公司的法定代表人；②董事会会议由董事长召集和主持；董事长因特殊原因不能履行职务时，由董事长指定副董事长或者其他董事召集和主持；③董事长行使下列职权：主持股东大会和召集、主持董事会会议；检查董事会决议的实施情况；签署公司股票、公司债券；④公司根据需要，可以由董事会授权董事长在董事会闭会期间，行使董事会的部分职权。而在新《公司法》中，基于权力制衡的考虑，董事长的职权在法律形式上受到了一定程度的限制：法定代表人不再是董事长的"专利"，而是"依照公司章程的规定，由董事长、执行董事或者经理担任"；董事长也不再享有"指定副董事长或者其他董事召集和主持董事会"、"签署公司股票、公司债券"，以及"在董事会闭会期间，行使董事会的部分职权"等权力。

虽然新《公司法》对董事长的职权加以一定限制，但鉴于我国很多民营企业都是家族式企业，股权高度集中，所有权和经营权紧密结合，董事长一般由实际控制人担任，董事长兼任总经理现象也比较普遍，董事长在董事会中具有绝对的话语权，董事会多属于"底限董事会（法律要求型）"和"形式董事会（橡皮图章型）"。[②] 在这种现状下，很多民营企业董事长的职权在实质上并未

---

① 我们将2005年颁布的《公司法》简称为新《公司法》，而将1999年颁布的《公司法》简称为旧《公司法》。

② 董事会一般定位有四种：①底限董事会（法律要求型），仅仅为了满足法律上的程序要求；②形式董事会（橡皮图章型），仅具有象征性或名义上的作用；③监督董事会（看门型），检查计划、政策、战略的制定和执行情况，评价经理人员业绩；④决策董事会（领航型），参与公司战略目标、计划的制定，并在授权经理人员实施公司战略的时候按照一定准则进行适度干预。

受限，很多民营企业仍然规定“董事长为公司法定代表人”，董事长仍然享有“签署公司股票、公司债券及其他有价证券”等权力，例如，软件股份、同洲电子、国光电器、新和成等上市公司。基于上述分析，我们认为，鉴于董事会在公司治理结构中处于核心地位，而董事长在董事会中又通常起关键作用，那么如果董事长拥有一定的政治身份，则势必会对公司产生一定的影响。因此，构建企业政治关联指标体系，董事长的政治背景也不容忽视。

3. 总经理

在知识经济社会，高层管理者是公司的核心和灵魂，是国家和社会的宝贵财富，是稀缺的生产要素（李维安，2009）。作为董事会的“代理人”，高层管理者负责公司的日常经营管理和行政事务，由董事会聘任或者解聘。高层管理者决定了公司内部运作效率，对公司绩效和价值起到至关重要的作用。而在高层管理者中，毋庸置疑，作为“领头羊”的总经理具有更加重要的地位和作用。新《公司法》规定：“经理（指总经理）由董事会决定聘任或者解聘，对董事会负责，行使下列职权：①主持公司的生产经营管理工作，组织实施董事会决议；②组织实施公司年度经营计划和投资方案；③拟订公司内部管理机构设置方案；④拟订公司的基本管理制度；⑤制定公司的具体规章；⑥提请聘任或者解聘公司副经理、财务负责人；⑦决定聘任或者解聘除应由董事会决定聘任或者解聘以外的负责管理人员；⑧董事会授予的其他职权。公司章程对经理职权另有规定的，从其规定。经理列席董事会会议。”这些规定凸显了总经理在公司中的重要地位和作用。

在我国民营企业中，经理人市场还不够成熟，很多企业仍然采用家族式治理模式，董事长兼任总经理、丈夫（妻子）担任董事长而妻子（丈夫）担任总经理、父亲（母亲）担任董事长而儿子（女儿）担任总经理等现象比较常见，在这种基于血缘关系的治理模式下，总经理不再是一个受雇于公司的纯粹的高级管理者，而是一个与整个企业乃至整个家族同进共退的企业主。在这种情况下，总经理在公司中通常具有更加显著的地位和影响力。因此，如果总经理具有一定的政治身份，也势必会对公司产生一定的影响。因此，构建企业政治关联指标体系，总经理的政治背景同样不容忽视。

4. 监事会主席

与董事会职能不同的是，监事会主要代表除控股股东外的其他利益相关者利益，监事会的监督重点是决策的正当性[①]，即企业的“正当经营”（李维安，2009）。我国新《公司法》规定，“监事会、不设监事会的公司的监事行使下列职权：①检查公司财务；②对董事、高级管理人员执行公司职务的行为进行监督，对违反法律、行政法规、公司章程或者股东会决议的董事、高级管理人员提出罢免的建议；③当董事、高级管理人员的行为损害公司的利益时，要求董事、高级管理人员予以纠正；④提议召开临时股东会会议，在董事会不履行本法规定的召集和主持股东会会议职责时召集和主持股东会会议；⑤向股东会会议提出提案；⑥依照本法第一百五十二条的规定，对董事、高级管理人员提起诉讼；⑦公司章程规定的其他职权。”

上述规定表明，从法律层面而言，监事会拥有相当大的监督权力，在公司中发挥重要的监督作用。因此，作为监事会负责人的监事会主席，在履行监督职能的过程中，应该能够对公司的生产经营活动产生重要的影响。但是，从实际的公司治理情况来看，监事会基本上不能有效地监督董事会，不具有实质性权力（李维安，2009）。尤其对于我国民营企业而言，监事会往往成了应付相关检查的“摆设”。由于我国民营企业监事会一般不具有实质性权力，因此，监事会主席通常很难获取政治身份；假如获取了一定的政治身份，虽然限于其尴尬地位不能像实际控制人、董事长、总经理那样充分利用政治身份影响企业，但无论如何也会对企业产生一定的影响。因此，构建企业政治关联指标体系，需要适度考虑监事会主席的政治背景。

5. 其他高管

除了实际控制人、董事长、总经理和监事会主席以外，董事会、监事会、管理层中的其他人员在企业中也拥有一定的权力，通常也会对企业产生较大影响。然而，由于这些人在企业中的权力和影响力相对较小，他们获取政治身份的可能性也相对较小。但即便如此，在我国民营企业中，仍然有不少企业的副董事长、董事、副总经理等担任了人大代表或政协委员，这些人的政治身份在一定程度上也会对企业产生影响。此外，针对我国民营企业的实际情况，为了

---

① 所谓决策的正当性，即决策的制定程序和执行结果不会对除控股股东外的其他利益相关者的正当利益造成损害，在实践中，监事会通常着重对员工工资及福利、利润分配及重大投资、资本结构和经营内容的重大调整等特定决策进行监督，特定决策的范围和内涵应在公司章程或监事会章程中明确规定。

能够与政府搞好关系，很多企业热衷于聘用现任或前任政府官员到企业任职（一般不会担任董事长或总经理），这些人所拥有的政府关系网络势必会对企业产生一定影响。因此，考虑到全面性原则，我们在构建政治关联指标体系时不应该忽略董事会、监事会和管理层中其他人员的政治身份。此外，需要说明的是，由于我们将采用层次分析法（AHP）设计政治关联指数模型，而层次分析法（AHP）的一个缺点就是指标过多时数据统计量大，且权重难以确定。因此，为了提高层次分析法（AHP）结果的准确性，我们在全面性原则的基础上尽量简化指标体系，最终将董事会、监事会、管理层中的其他人员统一归类为“其他高管”。

5.3.3 政治关联指标体系的构建

根据企业政治关联的管理层级性特征，我们选择了实际控制人、董事长、总经理、监事会主席以及其他高管作为一级指标；根据政治关联的时效性特征将每个一级指标分解为现有政治身份和曾有政治身份两个二级指标，共计10个二级指标；根据政治关联的政治层级性特征将每个二级指标分解为省部级以上官员、厅级官员/全国“代表”、处级官员/省级“代表”、科级官员/市级“代表”，以及股级官员/县级“代表”5个三级指标，共计50个三级指标。此处还需要说明几点：①为了行文表述的方便，我们将中共党代会代表、人大代表，以及政协委员统称为“代表”。②为了尽量简化指标体系，综合考虑不同级别政治身份的实际影响力，我们将全国“代表”与厅级官员归为一个层级，省级“代表”与处级官员归为一个层级，依此类推。这种归类方法难免有些武断，但一定程度上囿于政治影响力确实很难量化。③由于哈尔滨、长春、沈阳、大连、西安、济南、青岛、武汉、成都、南京、杭州、宁波、厦门、广州、深圳为副省级城市，因此对于这些市的各级“代表”或者官员，按照其实际级别进行归类。[①]

综合以上分析，具体指标体系如表5-1所示。

① 例如，深圳市人大代表，就不能归类为市级“代表”，而应归类为省级“代表”；深圳某区区长，就不能归类为处级官员，而应归类为厅级官员。

表 5－1　　民营企业政治关联指标体系

一级指标	二级指标	三级指标
B_1 实际控制人	C_1 现有政治身份	D_1 省部级及以上官员
		D_2 厅级官员/全国“代表”
		D_3 处级官员/省级“代表”
		D_4 科级官员/市级“代表”
		D_5 股级官员/县级“代表”
	C_2 曾有政治身份	D_1 省部级及以上官员
		D_2 厅级官员/全国“代表”
		D_3 处级官员/省级“代表”
		D_4 科级官员/市级“代表”
		D_5 股级官员/县级“代表”
B_2 董事长	C_1 现有政治身份	D_1 省部级及以上官员
		D_2 厅级官员/全国“代表”
		D_3 处级官员/省级“代表”
		D_4 科级官员/市级“代表”
		D_5 股级官员/县级“代表”
	C_2 曾有政治身份	D_1 省部级及以上官员
		D_2 厅级官员/全国“代表”
		D_3 处级官员/省级“代表”
		D_4 科级官员/市级“代表”
		D_5 股级官员/县级“代表”
B_3 总经理	C_1 现有政治身份	D_1 省部级及以上官员
		D_2 厅级官员/全国“代表”
		D_3 处级官员/省级“代表”
		D_4 科级官员/市级“代表”
		D_5 股级官员/县级“代表”
	C_2 曾有政治身份	D_1 省部级及以上官员
		D_2 厅级官员/全国“代表”
		D_3 处级官员/省级“代表”
		D_4 科级官员/市级“代表”
		D_5 股级官员/县级“代表”

续表

一级指标	二级指标	三级指标
B_4 监事会主席	C_1 现有政治身份	D_1 省部级及以上官员
		D_2 厅级官员/全国“代表”
		D_3 处级官员/省级“代表”
		D_4 科级官员/市级“代表”
		D_5 股级官员/县级“代表”
	C_2 曾有政治身份	D_1 省部级及以上官员
		D_2 厅级官员/全国“代表”
		D_3 处级官员/省级“代表”
		D_4 科级官员/市级“代表”
		D_5 股级官员/县级“代表”
B_5 其他高管	C_1 现有政治身份	D_1 省部级及以上官员
		D_2 厅级官员/全国“代表”
		D_3 处级官员/省级“代表”
		D_4 科级官员/市级“代表”
		D_5 股级官员/县级“代表”
	C_2 曾有政治身份	D_1 省部级及以上官员
		D_2 厅级官员/全国“代表”
		D_3 处级官员/省级“代表”
		D_4 科级官员/市级“代表”
		D_5 股级官员/县级“代表”

5.4 民营企业政治关联指数模型构建

在上述指标体系的基础上，我们借助层次分析法（AHP）和 yaahp V6.0 软件构建政治关联指数模型，具体步骤如下。

5.4.1 建立层次结构模型

依据表 5－1，构造一个层次结构模型。在这个层次结构模型中，一共分为四个层次：最高层（目标层）只有一个要素，即政治关联指数；中间层（准则层）由一级准则层和二级准则层构成：一级准则层包括实际控制人、董事长、总经理、监事会主席，以及其他高管；二级准则包括现有政治身份和曾有政治身份；最低层（方案层）指不同级别的政治身份，包括省部级以上官员、厅级官员/全国“代表”、处级官员/省级“代表”、科级官员/市级“代表”，以及股级官员/县级“代表”。层次结构模型如图 5－1 所示。

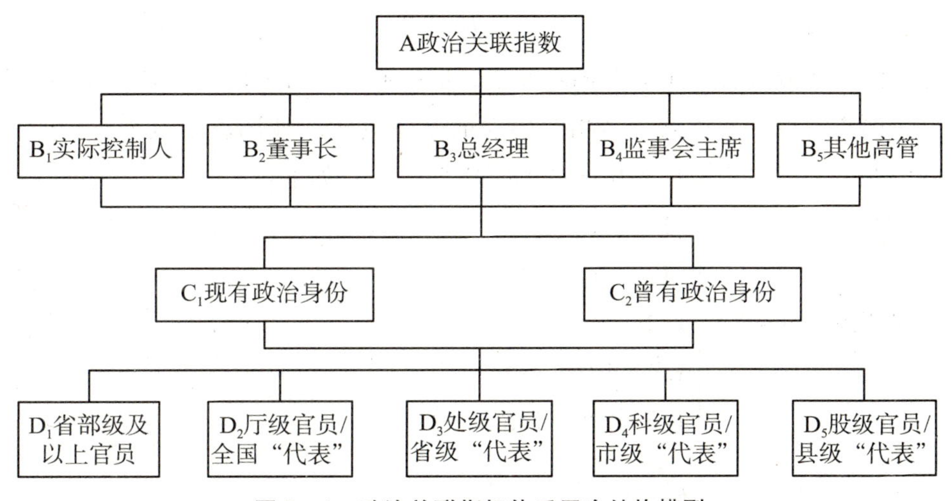

图 5－1　政治关联指标体系层次结构模型

5.4.2　构造判断矩阵

构造判断矩阵是从定性过渡到定量的重要环节，是通过各层元素之间进行两两比较，判断它们对于上一层各个要素的重要程度，并根据一定的比率标度将这种相对重要性定量化。层次分析法（AHP）通常采用 1 ~9 标度法，即用自然数 1 ~9 及其倒数来表示，标度及其含义如表 5－2 所示。

表 5－2　　标度及其含义

标度	含义
1	两个因素同样重要
3	一个因素相对于另一个因素稍微重要
5	一个因素相对于另一个因素比较重要

续表

标度	含义
7	一个因素相对于另一个因素十分重要
9	一个因素相对于另一个因素绝对重要
2，4，6，8	介于上述两相邻判断之间
倒数	上述比较值的倒数

我们根据表5-1、图5-1中指标体系的层次关系，分层构造判断矩阵。指标的两两比较方法采用的是德尔菲法，即按照层次分析法（AHP）的基本原理设计调查问卷，通过向5名相互独立的专家进行问卷调查，经过反复征询、归纳、调整，最终构造出各层次的判断矩阵，汇总如下：

$$判断矩阵\ A-B=\begin{pmatrix} 1 & 1 & 2 & 4 & 6 \\ 1 & 1 & 1 & 4 & 6 \\ 1/2 & 1 & 1 & 3 & 5 \\ 1/4 & 1/4 & 1/3 & 1 & 2 \\ 1/6 & 1/6 & 1/5 & 1/2 & 1 \end{pmatrix}$$

$$判断矩阵\ B_1-C\sim B_5-C=\begin{pmatrix} 1 & 3 \\ 1/3 & 1 \end{pmatrix}$$

$$判断矩阵\ C_1-D\sim C_2-D=\begin{pmatrix} 1 & 2 & 4 & 6 & 8 \\ 1/2 & 1 & 2 & 4 & 6 \\ 1/4 & 1/2 & 1 & 2 & 4 \\ 1/6 & 1/4 & 1/2 & 1 & 2 \\ 1/8 & 1/6 & 1/4 & 1/2 & 1 \end{pmatrix}$$

5.4.3 层次单排序

层次单排序要解决的是每一个层次中各元素对于上一层次的重要性的排序权重，即求出判断矩阵的最大特征值和相应的特征向量。设矩阵 $A=(a_{ij})_{n\times n}$，权重计算过程如下：

（1）计算 A 的每一行元素之积：$M_i=\prod_{j=1}^{n} a_{ij}$，$i=1, 2, \cdots, n$；

（2）计算 M_i 的 n 次方根：$\beta_i = \sqrt[n]{M_i}$，$i=1, 2, \cdots, n$；

（3）对向量 $\beta_i = (\beta_1, \beta_2, \cdots, \beta_n)$ 进行归一化处理，令 $\omega_i = \frac{\beta_i}{\sum_{k=1}^{n}\beta_k}$（$i = 1, 2, \cdots, n$），得到的向量 $\omega_i = (\omega_1, \omega_2, \cdots, \omega_n)^T$ 就是所求特征向量，也就是各指标的权重，我们将其定义为“政治关联系数”。

使用 yaahp V6.0 软件处理上述计算过程，政治关联系数计算结果如表 5－3 所示。

表 5－3　　指标权重向量

判断矩阵	政治关联系数
$A-B$	(0.3394，0.2954，0.2341，0.0829，0.0482)
$B_1-C \sim B_5-C$	(0.75，0.25)
$C_1-D \sim C_2-D$	(0.4690，0.2694，0.1427，0.0756，0.0434)

5.4.4　一致性检验

一致性检验分为以下几个步骤：

（1）计算出判断矩阵最大特征值 λ_{max}，$\lambda_{max} = \frac{\sum_{j=1}^{n}\omega_j a_{ij}}{\omega_i}$（$i=1, 2, \cdots, n$）；

（2）计算一致性指数 CI，$CI = \frac{\lambda_{max} - n}{n-1}$；

（3）利用平均随机一致性指数表，查出同阶矩阵平均一致性指数 RI（如表 5－4 所示）；

表 5－4　　平均随机一致性指标 RI

n	1	2	3	4	5	6	7	8	9	10
RI	0	0	0.52	0.89	1.12	1.26	1.36	1.41	1.46	1.49

（4）计算一致性比例 CR，$CR = \frac{CI}{RI}$。

利用 yaahp V6.0 软件，计算得到上述各判断矩阵的 *CR* 值，如表 5－5 所示。

表 5－5　　各判断矩阵对应的 *CR* 值

判断矩阵	$A-B$	$B_1-C \sim B_5-C$	$C_1-D \sim C_2-D$
CR 值	0.0110	0.0000	0.0102

若 $CR=0$ 时，表明判断矩阵具有完全一致性；若 $CR<0.1$ 时，则认为判断矩阵具有满意一致性；若 $CR>0.1$ 时，表明判断矩阵具有非满意一致性，应该对判断矩阵进行调整。

由表 5－5 可知，各判断矩阵的 *CR* 值均小于 0.1，因此均具有满意一致性，由此表明用德尔菲法构造的判断矩阵以及由此计算出的各指标权重是合理的。

5.4.5　政治关联指数模型构建

根据上述指标体系以及各指标权重的计算结果，我们构建政治关联指数模型如下：

$$A=0.3394B_1+0.2954B_2+0.2341B_3+0.0829B_4+0.0482B_5 \quad (5.1)$$

$$B_1=B_2=B_3=B_4=B_5=0.75C_1+0.25C_2 \quad (5.2)$$

$$C_1=C_2=0.4690D_1+0.2694D_2+0.1427D_3+0.0756D_4+0.0434D_5 \quad (5.3)$$

对于以上指数模型，在应用中需要注意以下几点：①依据政治关联的累加性特征，如果公司中的某一职位由多人担任（如有 4 位副总经理），并且拥有政治身份的人数多于 1 人（如有 2 位副总经理拥有政治身份），那么应该累计计算；②如果公司中具有政治身份的人员存在职位重叠（如董事长兼任总经理），则采取孰高原则，即选择较高公司层级（选择董事长）所对应的政治关联系数，而不重复计算；③如果公司中某位成员具有多重政治身份（如既是市人大代表，也是省人大代表），也应该采取孰高原则，即选择较高政治层级（选择省人大代表）所对应的政治关联系数，而不重复计算。

由模型（5.1）可知，“实际控制人”“董事长”“总经理”“监事会主席”，以及“其他高管”的系数分别为0.3394、0.2954、0.2341、0.0829和0.0482，这与政治关联的管理层级性特征是相符的，即拥有政治身份的人在公司中的级别或者实际影响力越大，则政治关联强度越大，反之则反；由模型（5.2）可知，“现有政治身份”的系数高达0.75，而“曾有政治身份”的系数仅为0.25，这充分体现了政治关联的时效性特征，说明“现有政治身份”对应的政治关联强度远远大于“曾有政治身份”；由模型（5.3）可知，“省部级及以上官员”的系数为0.4690，“厅级官员/全国‘代表’”的系数为0.2694，“处级官员/省级‘代表’”的系数为0.1427，“科级官员/市级‘代表’”的系数为0.0756，“股级官员/县级‘代表’”的系数为0.0434，这充分体现了政治关联的“政治层级性”特征，说明政治身份的级别越高，对应的政治关联强度越大。

5.5 民营企业政治关联指数模型的应用

我们以民营企业为研究对象，在深圳中小板随机选择了10家具有政治关联的民营上市公司，通过查阅2012年度公司年度财务报告，采集政治关联相关信息，并应用上述指数模型计算各公司的政治关联指数。为了更好地体现政治关联的强度差异，计算出的政治关联指数乘以100予以标准化。

我们以福建七匹狼实业股份有限公司为例，该公司有两名实际控制人和一名副总经理拥有政治身份。根据模型（5.1），“实际控制人”对应的权重系数为0.3394，副总经理对应的权重系数为0.0482；两名实际控制人分别为省人大代表和市政协委员，而副总经理为省党代会代表，根据模型（5.3），“省人大代表”对应的权重系数为0.1427，“市政协委员”对应的权重系数为0.0756，“省党代会代表”对应的权重系数为0.1427；两名实际控制人均为“现有政治身份”，副总经理为“曾有政治身份”，根据模型（5.2），“现有政治身份”对应的权重系数为0.75，“曾有政治身份”对应的权重系数为0.25。因此，两名实际控制人对该公司政治关联指数的贡献率 $=0.3394\times(0.1427+0.0756)\times0.75\approx0.0556$；一名副总经理对该公司政治关联指数的贡献率 $=0.0482\times0.1427\times0.25\approx0.0017$；最后，七匹狼公司的政治关联指数 $=0.0556+0.0017=0.0573$，经过标准化后的政治关联指数为5.73。按照同样的方法，我们计算出另外9家民营上市公司的政治关联指数，如表5－6所示。

表5－6　　　　10家民营上市公司政治关联指数

公司简称	政治关联情况	计算过程	政治关联指数	标准化指数
七匹狼	1名实际控制人现任省人大代表	0.3394×0.1427×0.75≈0.0363	0.0573	5.73
	1名实际控制人现任市政协委员	0.3394×0.0756×0.75≈0.0192		
	1名副总经理曾任省党代会代表	0.0482×0.1427×0.25≈0.0017		
宏达科技	1名实际控制人曾任市人大代表	0.3394×0.0756×0.25≈0.0064	0.0140	1.40
	总经理现任县级市政协委员	0.2341×0.0434×0.75≈0.0076		
三全食品	1名实际控制人现任全国人大代表	0.3394×0.2694×0.75≈0.0686	0.0686	6.86
联化科技	1名实际控制人现任市人大代表	0.3394×0.0756×0.75≈0.0192	0.0341	3.41
	总经理现任市人大代表	0.2341×0.0756×0.75≈0.0133		
	1名董事现任区政协委员	0.0482×0.0434×0.75≈0.0016		
湘鄂情	1名实际控制人现任省政协委员	0.3394×0.1427×0.75≈0.0363	0.0391	3.91
	1名副董事长现任市政协委员	0.0482×0.0756×0.75≈0.0027		
日海通讯	1名实际控制人曾任省政协委员	0.3394×0.1427×0.25≈0.0121	0.0121	1.21
远东传动	1名实际控制人现任市人大代表	0.3394×0.0756×0.75≈0.0192	0.0137	1.37
	1名董事现任县人大代表	0.0482×0.0434×0.75≈0.0016		

续表

公司简称	政治关联情况	计算过程	政治关联指数	标准化指数
科伦药业	1名实际控制人现任全国政协委员	0.3394×0.2694×0.75≈0.0686	0.0964	9.64
	总经理现任省人大代表	0.2341×0.1427×0.75≈0.0251		
	1名董事现任市人大代表	0.0482×0.0756×0.75≈0.0027		
共达电声	1名实际控制人现任市人大代表	0.3394×0.0756×0.75≈0.0192	0.0412	4.12
	1名实际控制人现任市人大代表	0.3394×0.0756×0.75≈0.0192		
	1名董事现任市级人大代表	0.0482×0.0756×0.75≈0.0027		
乔治白	1名实际控制人现任省人大代表	0.3394×0.1427×0.75≈0.0363	0.0379	3.79
	1名副董事长现任县人大代表	0.0482×0.0434×0.75≈0.0016		
平均值			0.0414	4.14
标准差			0.0268	2.68
中位数			0.0385	3.85

由表5-6可知，政治关联标准化指数平均值为4.17，标准差为2.68，中位数为3.85；标准化指数最大值高达9.64（科伦药业），最小值仅为1.21（日海通讯）。这在一定程度上证实虽然这10家民营上市公司均具有政治关联，但是由于企业政治关联具有层级性、累加性和时效性等本质特征，从而导致政治关联存在显著的强度差异。这也进一步说明，相对于虚拟变量法、赋值法等度量方法，政治关联指数模型能够更好地度量政治关联的强度差异。

5.6 本章小结

政治关联度量一直是难点问题，同时也是基础性问题，能否有效度量政治关联将直接影响到与之相关领域的研究进展和研究结果的可靠性。目前涉及政治关联度量方法的文献比较多，但尚未发现专门研究这一问题的文献。本书在深入分析已有文献的基础上，发现政治关联具有层级性、累加性和时效性等本质特征，并指出以往度量方法的不足之处，在此基础上构建政治关联指标体系，并借助层次分析法（AHP）和 yaahp V6.0 软件对各指标进行权重赋值，从而构建了一个政治关联指数模型，最后选择了 2012 年深圳中小板的 10 家具有政治关联的民营上市公司，应用构建的指数模型计算政治关联指数。结果显示，虽然这 10 家民营上市公司均具有政治关联，但各公司的政治关联指数存在显著差异，这说明政治关联确实存在强度差异，也进一步表明虚拟变量法、赋值法等传统方法无法有效度量政治关联的强度差异。

第6章

政治关联对民营企业盈余管理程度的影响研究

6.1 引　　言

盈余管理是管理层基于他们的判断影响会计数据的行为，而这一行为可能受到制约，也可能没有受到制约，并且其出发点既可能是最大化企业价值，也可能是机会主义（Watts & Zimmenerman，1990）。盈余管理存在的根本原因在于市场的不完全、不完美性。如果市场是完全且完美的，它将会对所有的信息作出反应，此时不仅任何盈余管理行为无效，而且会计本身也没有存在的必要。因此，市场化程度是影响盈余管理的重要因素。在转型经济国家和地区，市场配置资源的能力有限，政府对资源的配置发挥着主导作用，企业（尤其是民营企业）为了生存和发展，积极构建政治关联成为其重要的战略选择。大量研究表明，作为市场与法律的非正式替代机制，政治关联对企业的经济活动产生了深远的影响，企业利用政治关联可以获取融资便利、税收优惠、政府补贴、市场准入、产权保护等。也有研究表明，政治关联对企业会计信息质量有显著负面影响，有政治关联的企业会计信息质量显著低于无政治关联的企业（Chaney et al.，2011；杜兴强等，2009；易玄等，2012）；制度环境越差的地区，这种负面影响越为显著（Chaney et al.，2011；易玄等，2012）。

我国正处于转型经济时期，市场化程度总体水平还有待提高，各地区也存在很大差异，政府仍然起着资源配置的主导作用。与国有企业相比，我国民营企业在资源配置上处于弱势，为了改善经营环境，民营企业构建政治关联的动机比较强烈：据统计，2013 年大陆地区前 50 位富豪中，有 30% 的企业家拥有政治身份①；另据调查，有 28.8% 的私营企业主认为“争取当人大代表、政协委员”最为迫切②。在此背景下，如果我们用应计盈余管理程度③度量会计信息质量，政治关联是否会对盈余管理产生影响进而影响会计信息质量呢？如果产生影响将会是什么样的影响？基于上述分析，本章以 2009 ~ 2012 年间深圳中小板民营上市公司为研究对象，在充分考虑各地区市场化程度差异以及企业政治关联强度差异的基础上，研究政治关联对民营上市公司盈余管理程度的影响。

6.2 理论分析和假设提出

6.2.1 政治关联对盈余管理的影响

（1）银行信贷约束一直是困扰民营企业的难题。相对于国有企业而言，我国民营企业更难获得银行贷款，即便能够获得贷款，也要签订相对更加苛刻的债务契约并要求严格执行，债务成本相对较高。民营企业构建政治关联的一个重要动机就在于解决“融资难”问题。政治关联作为一种声誉机制，为民营企业贷款提供了“隐性担保”，银行相信政府青睐的企业应该具有较强的实力，即便企业陷入财务困境，政府也应该会伸出援助之手，帮助企业摆脱困境。研究表明，有政治关联的民营企业更容易获得更多的银行贷款和更长的贷款期限（余明桂和潘红波，2008；郝项超和张宏亮，2011）。因此，政治关联在一定程度上转移了银行对企业会计信息质量的关注，从而降低了债务契约对民营企业盈余管理的约束。

（2）研究表明，具有政治关联的企业实际税率要低于无政治关联企业（Faccio，2010；吴文峰等，2009）。这一方面是因为具有政治关联的企业可能更容易获得税收优惠政策（Faccio，2010；吴文峰等，2009），而另一方面在

① 数据来源：2013 年胡润百富榜。

② 数据来源：中华全国工商业联合会编写的《1993 ~ 2006 中国私营企业大型调查》。

③ 本章主要研究政治关联对应计盈余管理程度的影响，如不作特别说明，本章其他部分提及的“盈余管理”即指“应计盈余管理”。

于企业存在基于最小化所得税税负动机的盈余管理行为（Guenther，1994；王跃堂等，2009）。而实施盈余管理一旦被税务部门发现将引致严厉的监管和处罚。对于具有政治关联的民营企业而言，在政治关联的“庇护”作用下，再加上税收、会计法规本身的不完备性，在一定程度上可以使企业少受或者免受税务部门的监管和处罚。因此，政治关联降低了税收监管对民营企业盈余管理的约束，为民营企业实施盈余管理提供了更大的机会和操作空间。

（3）民营企业实施盈余管理可能会承担诉讼风险与成本。而对于具有政治关联的民营企业而言，可以利用其拥有的政治关系网络，更好地与司法部门沟通，从而使得其可能面临更小的诉讼风险与成本（杜兴强等，2009）。政治关联的“庇护”作用在一定程度上减少了民营企业实施盈余管理的“后顾之忧”，民营企业更有可能会基于各种动机，有恃无恐地持续利用盈余管理“粉饰”会计信息，从而导致会计信息质量的持续低下（Chaney et al.，2011）。因此，政治关联降低了诉讼风险与成本对民营企业盈余管理的约束。

（4）民营企业通过政治关联获取的好处，往往是依靠“潜规则”、通过寻租、地下交易获取的，即便不是见不得阳光或违反国家相关法律，但至少是灰色的、擦边球性质甚至是不合规的（杜兴强和周泽将，2010）。为了避免“树大招风”引致政府管制，具有政治关联的民营企业更有动机通过实施盈余管理隐藏或者延迟报告这些“寻租”收益。因此，这些企业往往会主动减少信息披露，降低财务透明度，且并不希望高质量的审计（Bushman & Piotroski，2006），必要时还会利用政治资源向现任审计师施压获取标准审计意见（郑军等，2010）。因此，政治关联降低了政府管制对民营企业盈余管理的约束。

基于以上分析，我们有理由提出以下假设：

假设1a：限定其他条件，相对于无政治关联的民营上市公司，具有政治关联的民营上市公司其盈余管理程度更大。

需要强调的是，上述假设只简单考虑了民营上市公司是否具有政治关联，而没有考虑政治关联的强度差异。我们认为企业政治关联存在强度差异，这种差异源于政治关联的本质特征，如前所述，这些本质特征主要包括：①层级性，包括“政治层级性”和“管理层级性”，前者是指企业高管[①]在“政治层

① 此处所指“高管”是为了行文表述的方便，事实上包括“三会一层”中能够对公司经营决策和财务决策产生重要影响的成员。

级”相同的前提下，其在企业中的职位越高，企业政治关联的强度就越大；后者是指企业高管在“管理层次”相同的前提下，其拥有的政治身份级别越高，企业政治关联的强度就越大；②累加性，即当企业中拥有政治身份的高管人数大于1时，政治关联会产生累加效应，拥有政治身份的高管人数越多，企业政治关联的强度越大；③时效性，即企业高管拥有政治身份的时间不同，则企业政治关联强度不同，现有的政治身份比曾经拥有的政治身份更具有影响力。

基于以上分析，我们进一步提出以下假设：

假设1b：政治关联具有强度差异，限定其他条件，民营上市公司的政治关联强度越大，其盈余管理程度越大。

6.2.2 市场化程度对政治关联、盈余管理的影响

1. 市场化程度对盈余管理的直接影响

在一个完全且完美的市场中，不存在信息不对称，也不需要会计信息披露。然而，在现实世界里，信息不对称的存在引发企业内部人和外部人的代理冲突。而缓解代理冲突的有效方式是契约安排和会计信息披露。契约安排的功能在于通过调整各方的动机，更好地降低代理成本（Kothari et al.，2009）。但契约安排的有效程度至少在一定程度上依赖于会计信息披露。在市场化程度较高的国家和地区，良好的法制环境、较少的政府干预，以及有效的产权保护，决定了市场能够发挥配置资源（包括会计信息）的基础性作用。在这种市场环境中，企业的盈余管理行为很容易被市场识别，不仅可能会加剧契约方的代理冲突，提高代理成本，而且可能面临较高的会计信息诉讼风险与成本。基于降低代理成本、诉讼风险与成本的考虑，企业会选择披露高质量的会计信息。可见，较高的市场化程度约束了企业盈余管理行为。而在市场化程度较低的国家和地区，不完备的法律制度、较多的政府干预，以及低效的产权保护，决定了市场很难发挥其应有的作用。在这种市场环境下，市场识别和反映会计信息的能力较弱，而法制的不完备又进一步降低了会计信息诉讼风险与成本。在这种情况下，企业没有动力披露高质量的会计信息。可见，较低的市场化程度降低了对企业盈余管理的约束。

2. 市场化程度通过政治关联对盈余管理的间接影响

国内外研究表明，在金融发展越落后、政府越腐败、法制环境越差、产权保护越弱的国家和地区，民营企业越有可能构建政治关联（Chen et al.，2005；Faccio，2006；罗党论和唐清泉，2009；胡旭阳，2010）。原因在于，这些国家和地区的市场化程度较低，政府干预市场的力度较大，政府掌握着许多稀缺资源的配置权，民营企业难以依靠市场机制获取这些资源，转而寻求政治关联这一替代性机制来实现其目标。而政治关联本身作为一种稀缺性资源，对于这些国家和地区的民营企业而言更加弥足珍贵。若想获取这种资源，企业往往需要支付高昂的政治关联成本（政府及官员的反向寻租行为）。根据成本效益原则，一旦企业构建了政治关联，很可能会利用政治关联“寻租”以弥补成本。而盈余管理正是企业进行“寻租”的一种可能路径（如通过少计利润获取税收优惠），并且由于政治关联的“庇护”作用，这种“寻租”行为可能并不会增加企业的诉讼风险与成本。在这种情况下，企业同样缺乏披露高质量会计信息的动力。而对于市场化程度较高的国家和地区，市场在资源配置中发挥着基础性作用，民营企业更多是依靠市场机制获取各种稀缺资源，而较少依赖于政治关联。虽然也有企业通过政治关联获取了一些稀缺资源，但由于这些国家和地区的市场透明度较高，政府监管较为严厉，一定程度上也约束了企业盈余管理行为。

基于以上分析，我们有理由提出以下假设：

假设 2：限定其他条件，相对于市场化程度较高地区的民营上市公司，市场化程度较低地区的民营上市公司，其政治关联对盈余管理程度的影响更为显著。

6.3 研究设计

6.3.1 样本选择

在我国，国有企业与政府之间具有天然的“血缘”关系。为了更好地比较有、无政治关联对企业盈余管理的影响，本章选择民营企业作为研究对象。考虑到深圳中小板是民营企业的“大本营”，因此我们以深圳中小板2009～2012年间所有民营上市公司为初选样本，并按照研究惯例依次剔除以下样本：①金融保险类上市公司；②ST和*ST上市公司；③年报中“董事、监事、高级管理人员和员工情况”披露不详的上市公司；④数据缺失的上市公司；⑤数据异常的上市公司。通过以上步骤，最终获得了1707家样本公司，其中2009年、2010年、2011年、2012年样本分别为276个、417个、505个、509个。本章的财务数据来源于Wind数据库；政治关联数据主要来源于深交所网站披露的中小板上市公司的年度财务报告，同时以百度搜索引擎作为辅助手段，采取手工方法进行采集；市场化程度数据来源于樊纲等（2011）编写的《中国市场化指数——各地区市场化相对进程2011年报告》；审计师选择数据来源于中注协发布的《2013年会计师事务所综合评价前百家信息》。

6.3.2 变量定义

1. 被解释变量

被解释变量为盈余管理程度，用AQ（Accruals Quality）表示。尽管盈余管理的手段还有改变会计方法、控制实际交易（如处分资产、延迟交货、调整广告活动等）、运用新会计准则采用时机等，但这些均受到一般公认会计原则所规范，容易为外界所辨识，在使用上限制较多；因此多数学者认为操控性应计利润最能代表公司操控会计政策的综合效果（杨炎杰和官月缎，2006）。因此，本书采用应计利润分离法来度量盈余管理，而修正Jones模型是目前盈余管理研究文献中使用次数最多的一种应计利润分离法，但考虑到由于无形资产和其他长期资产的摊销是不可操纵性应计利润的组成部分，忽视这一因素会使模型低估不可操纵性应计利润额，从而导致高估盈余管理行为（李淑锦和卢瑞琼，2010）。综合考虑，我们最终借鉴陆建桥（1999）考虑了无形资产和其他长期资产的扩展Jones模型，具体模型如下：

$$TA_{it} = \beta_0 \times \frac{1}{A_{it-1}} + \beta_1 \frac{(\Delta REV_{it} - \Delta REC_{it})}{A_{it-1}} + \beta_2 \times \frac{PPE_{it}}{A_{it-1}} + \beta_3 \frac{INT_{it}}{A_{it-1}} + \xi_{it} \quad (6.1)$$

$$NDA_{it} = \hat{\beta}_0 \times \frac{1}{A_{it-1}} + \hat{\beta}_1 \frac{(\Delta REV_{it} - \Delta REC_{it})}{A_{it-1}} + \hat{\beta}_2 \times \frac{PPE_{it}}{A_{it-1}} + \hat{\beta}_3 \frac{INT_{it}}{A_{it-1}} \tag{6.2}$$

$$DA_{it} = TA_{it} - NDA_{it} = \xi_{it} \tag{6.3}$$

其中，TA_{it}表示 i 公司第 t 期的总应计利润，等于净利润减去经营活动现金流量，再除以 A_{it-1}予以标准化；A_{it-1}表示 i 公司第 $t-1$ 期的资产总额；ΔREV_{it}表示 i 公司第 t 期的营业收入变动额；ΔREC_{it}表示 i 公司第 t 期的应收款项增加额；PPE_{it}表示 i 公司第 t 期的固定资产；INT_{it}表示 i 公司第 t 期的无形资产和其他长期资产；NDA_{it}表示 i 公司第 t 期的非操控性应计利润额；DA_{it}表示 i 公司第 t 期的操控性应计利润。

AQ 的计算过程：第一步，通过模型（6.1）回归得到系数 β_0、β_1 和 β_2 的估计值 $\hat{\beta}_0$、$\hat{\beta}_1$ 和 $\hat{\beta}_2$；第二步，将 $\hat{\beta}_0$、$\hat{\beta}_1$ 和 $\hat{\beta}_2$ 代入模型（6.2）计算非操控性应计利润 NDA_{it}；第三步，通过模型（6.3）计算操控性应计利润 DA_{it}；第四步，对 DA_{it}取绝对值即为 AQ，AQ 越大说明企业盈余管理程度越大。

2. 解释变量

根据本章研究需要，我们选择政治关联（PC）和市场化程度（MAR）作为解释变量。

（1）政治关联（PC）：法西欧（2006）认为，如果公司至少有一位大股东或高管是国会议员、政府部长，或者与某位高官或政党有密切联系，则该公司具有政治关联；范等（2007）以中国公司为研究对象，认为 CEO 现在或者曾经在中央政府、地方政府或者军队任职，则视为具有政治关联；陈等（2005）认为，如果公司的董事长或者总经理是现任或前任的政府官员、现任或前任的人大代表、现任或前任的政协委员，则该公司具有政治关联。我们综合考虑上述学者的观点并结合我国实际，将政治关联定义为：若公司实际控制人、董事长、总经理、监事会主席以及其他高管至少有一人满足以下条件，则公司具有政治关联：①现任或前任的政府官员；②现任或前任的中共党代会代表；③现任或前任的人大代表；④现任或前任的政协委员。关于政治关联的度量方法，结合本章的研究目的，在检验假设 1a 时，我们沿用国内外学者的通常做法，采用虚拟变量法度量政治关联；在检验假设 1b 和假设 2 时，采用政治关联指数度量政治关联。

（2）市场化程度（MAR）：加入这一变量用以解释市场化程度对于盈余管

理的影响程度；同时考虑 *MAR* 与 *PC* 的交叉变量，用于检验市场化程度不同的地区，政治关联对于盈余管理的影响程度。关于市场化程度的度量方法，我们借鉴余明桂和潘红波（2008）以及雷光勇等（2009）的做法，采用樊纲等（2011）编写的《中国市场化指数——各地区市场化相对进程 2011 年报告》，以其中各地区市场化进程总得分作为市场化程度的替代变量，总得分越高，说明市场化程度越高。

3. 控制变量

杜兴强和杜颖洁（2010）在研究盈余管理、政治关联与 ST、* ST、SL 类民营上市公司交易状态改善之间的关系时选择了第一大股东持股比率、资产负债率、各地区市场化指数等作为控制变量；宋文阁和荣华旭（2012）在研究股权激励、制度环境与盈余管理之间的关系时选择了公司规模、资本结构、企业成长性和审计师类型等作为控制变量；易玄等（2012）在研究制度环境、政治关系与会计信息质量之间的关系时选择了公司规模、盈利能力、经营周期等作为控制变量。根据以上研究经验并结合本书研究目标，我们选择以下控制变量：审计师选择（*AC*）、[①] 公司规模（*SIZE*）、财务杠杆（*LEV*）、盈利能力（*ROE*）、股权集中度（*CRI*）、营业周期（*CYC*）、成长机会（*AGR*），以及行业（*IND*）和年度（*YEAR*）。

6.3.3 模型构建

为了检验假设 1，我们构建模型（6.4）如下：

$$AQ = \beta_0 + \beta_1 PC + \beta_2 AC + \beta_3 SIZE + \beta_4 LEV + \beta_5 ROE + \beta_6 CRI + \beta_7 CYC + \beta_8 AGR + \beta_9 IND + \beta_{10} YEAR + \xi \tag{6.4}$$

为了检验假设 2，我们构建模型（6.5）如下：

$$AQ = \beta_0 + \beta_1 PC + \beta_2 MAR + \beta_3 MAR \times PC + \beta_4 AC + \beta_5 SIZE + \beta_6 LEV + \beta_7 ROE + \beta_8 CRI + \beta_9 CYC + \beta_{10} AGR + \beta_{11} IND + \beta_{12} YEAR + \xi \tag{6.5}$$

根据理论分析，模型（6.4）中变量 *PC* 的回归系数应该为正值；模型

① 一系列研究表明，审计师选择对企业盈余管理会产生一定的影响（Defond & Jiambalvo，1993；Teoh & Wong，1993；Becker et al.，1998；杨蓓和张俊瑞，2011）。

（6.5）中变量 *PC* 的回归系数应该为正值，而交叉变量 $MAR \times PC$ 的回归系数应该为负值。模型（6.4）、模型（6.5）中具体变量说明如表6－1所示。

表6－1　　变量说明

变量性质	变量代码	变量名称	变量定义
被解释变量	*AQ*	盈余管理	盈余管理程度，参见模型（6.1）、模型（6.2）和模型（6.3）
解释变量	*PC*	政治关联	在模型（6.4）中，采用虚拟变量法进行度量，表示有、无政治关联，即有政治关联取值1，无政治关联取值0
			在模型（6.5）中，采用政治关联指数度量，表示政治关联强度，参见模型（5.1）、模型（5.2）和模型（5.3）
	MAR	市场化程度	以樊纲等（2011）编写的《中国市场化指数》中的各地区市场化进程总得分作为替代变量
控制变量	*AC*	审计师选择	选择“六大”会计师事务所取值0，选择非“六大”会计师事务所取值1①
	SIZE	企业规模	用年末总资产的自然对数表示
	LEV	财务杠杆	用资产负债率表示
	ROE	盈利能力	用净资产收益率表示
	CRI	股权集中度	用第一大股东持股比例表示
	CYC	营业周期	用营业周期的自然对数表示
	AGR	成长机会	用总资产增长率表示
	IND	行业	行业虚拟变量
	YEAR	年度	年度虚拟变量

① “六大”会计师事务所是指在普华永道、德勤、毕马威，以及安永等“四大”的基础上，加上本土的瑞华会计师事务所和立信会计师事务所。之所以选择“六大”，理由有两点：一是通过样本统计发现，我国深圳中小板每年选择“四大”的民营上市公司甚为稀少，原因可能在于“四大”收费相对较高；二是根据中注协最近几年发布的《会计师事务所综合评价前百家信息》，这两家本土会计师事务所综合实力已经趋近“四大”，已经成为本土会计师事务所的领头羊。“六大”的选择依据是中注协发布的《2013年会计师事务所综合评价前百家信息》，按照综合评价得分选择名列前六位的会计师事务所。

6.4 实证结果与分析

6.4.1 描述性统计

我们首先对全样本进行描述性统计，然后分样本进行均值 T 检验，结果如表 6-2、表 6-3 所示。

表 6-2　描述性统计结果（1）

解释变量	全样本（N=1707）		有政治关联组（N=964）		无政治关联组（N=743）		T 检验
	平均值	标准差	平均值	标准差	平均值	标准差	T 值
AQ	0.1071	0.1128	0.1105	0.1245	0.1027	0.1136	3.1749**
PC(虚拟)	0.5647	0.4770	NA	NA	NA	NA	NA
PC(指数)	1.9300	2.1076	3.4175	1.9364	NA	NA	NA
MAR	9.9963	1.7457	9.9470	1.8358	10.0603	1.5617	3.7038**
AC	0.8120	0.3909	0.8234	0.3815	0.7972	0.4072	6.2271**
SIZE	21.1855	0.7759	21.2707	0.8165	21.0750	0.6663	-7.9215***
LEV	0.3281	0.1869	0.3337	0.1910	0.3208	0.1788	4.4681**
ROE	0.1080	0.0853	0.1088	0.0839	0.1070	0.0879	-0.0049
CRI	0.3753	0.1497	0.3775	0.1508	0.3724	0.1477	-11.2014***
CYC	5.0856	0.7383	5.1043	0.7275	5.0613	0.7573	0.0703
AGR	0.4399	0.6774	0.4351	0.6775	0.4461	0.6776	2.5810*

注：***、** 和 * 分别代表在 1%、5% 和 10% 的水平上显著（双尾）。

表 6-3　描述性统计结果（2）

解释变量	全样本（N=1707）		东部地区（N=1245）		中西部地区（N=462）		T 检验
	平均值	标准差	平均值	标准差	平均值	标准差	T 值
AQ	0.1071	0.1128	0.1048	0.1106	0.1133	0.1243	3.4019***
PC(虚拟)	0.5647	0.4770	0.5345	0.4835	0.6461	0.4337	-2.7388**

续表

解释变量	全样本（N=1707）		东部地区（N=1245）		中西部地区（N=462）		T检验
	平均值	标准差	平均值	标准差	平均值	标准差	T值
$PC_{(指数)}$	1.9300	2.1076	1.7935	2.0246	2.2978	2.3527	-7.9044***
MAR	9.9963	1.7457	10.6166	1.1344	8.3247	1.2279	-19.8113***
AC	0.8120	0.3909	0.7914	0.4065	0.8675	0.2953	3.1672**
SIZE	21.1855	0.7759	21.1984	0.7932	21.1507	0.6911	-5.9155**
LEV	0.3281	0.1869	0.3286	0.1855	0.3268	0.1933	-0.2546
ROE	0.1080	0.0853	0.1071	0.0860	0.1104	0.0823	0.0709
CRI	0.3753	0.1497	0.3780	0.1456	0.3680	0.1666	-5.6640**
CYC	5.0856	0.7383	5.0833	0.6896	5.0918	0.9264	-0.4781
AGR	0.4399	0.6774	0.4332	0.6786	0.4580	0.6722	-1.3677**

注：***、**和*分别代表在1%、5%和10%的水平上显著（双尾）。

由表6-2可知，在全部1707个样本中，具有政治关联的样本有964个，占全样本的56.47%（$PC_{(虚拟)}$均值=0.5647），这说明政治关联现象在我国民营上市公司中比较普遍。我们以有无政治关联划分样本组，发现有政治关联样本组的民营上市公司盈余管理程度（AQ均值=0.1105）显著高于无政治关联样本组（AQ均值=0.1027），而有政治关联样本组的市场化程度（MAR均值=9.9470）却显著低于无政治关联组（MAR均值=10.0603）。此外，有政治关联样本组的审计师选择（AC）、企业规模（SIZE）、财务杠杆（LEV）、股权集中度（CRI），以及成长机会（AGR）等变量与无政治关联样本组也存在显著差异。

虽然我国市场经济改革取得了举世瞩目的成就，但市场化的进展程度是很不平衡的。就区域而言，在某些省份，特别是在东部沿海省份，市场化已经取得了决定性的进展，而在另外一些省份，经济中非市场的因素还占有重要的地位（樊纲等，2011）。因此，我们进一步划分东部地区与中西部地区①样本组进行研究。由表6-3可知，东部地区样本组的市场化程度（MAR均值=

① 东、中、西部地区划分按照国家统计局2003年公布的统计标准。

10.6166）显著高于中西部地区样本组（*MAR* 均值 =8.3247）；而相对于东部地区样本组（$PC_{(虚拟)}$均值 =0.5345、$PC_{(指数)}$均值 =1.7935），中西部地区样本组企业政治关联现象更具有普遍性（$PC_{(虚拟)}$均值 =0.6461），且政治关联强度更大（$PC_{(指数)}$均值 =2.2978）；中西部地区样本组民营上市公司的盈余管理程度（*AQ* 均值 =0.1133）显著高于东部地区样本组（*AQ* 均值 =0.1048）。此外，中西部地区样本组的审计师选择（*AC*）、企业规模（*SIZE*）、股权集中度（*CRI*），以及成长机会（*AGR*）等变量与东部地区样本组也存在显著差异。

6.4.2 模型回归分析

本章使用静态面板回归模型进行估计，Hausman 检验显著地拒绝了随机效应模型的假设，所以本书使用固定效应模型进行估计。为了避免异方差与序列相关问题，本章使用德里斯科尔和克雷（Driscoll & Kraay，1998）提出的面板固定效应方法进行回归估计。

1. 模型（6.4）回归结果

如前所述，针对假设 1a，我们采用虚拟变量度量政治关联；针对假设 1b，我们采用政治关联指数模型度量政治关联。因此，由于政治关联度量方法的不同，模型（6.4）的回归结果包括两个部分，如表 6－4 和表 6－5 所示。

表 6－4　　模型（6.4）回归结果（假设 1a）

变量	全样本		分样本			
			东部地区		中西部地区	
	系数	*P* 值	系数	*P* 值	系数	*P* 值
PC	0.0149**	0.0451	0.0074*	0.0945	0.0235	0.1274
AC	0.0043**	0.0394	0.0025*	0.0903	0.0061**	0.0311
SIZE	－0.0093**	0.0144	－0.0075**	0.0433	－0.0126*	0.0741
LEV	0.0349	0.1328	0.0221	0.2274	0.0342	0.1619
ROE	0.0735	0.2245	0.0782	0.2542	0.0684	0.1257
CRI	0.0657*	0.0963	0.0672*	0.0715	0.0743*	0.0584
CYC	－0.0057	0.2601	－0.0059	0.2125	0.0052	0.1522

续表

变量	全样本		分样本			
			东部地区		中西部地区	
	系数	P值	系数	P值	系数	P值
AGR	0.1183*	0.0792	0.1031	0.1197	0.0976	0.1695
IND	控制		控制		控制	
YEAR	控制		控制		控制	
N	1707		1245		462	
Adj R^2	0.1624		0.2148		0.1871	

注：***、**和*分别代表在1%、5%和10%的水平上显著（双尾）。

表6－5　　　　模型（6.4）回归结果（假设1b）

变量	全样本		分样本			
			东部地区		中西部地区	
	系数	P值	系数	P值	系数	P值
PC	0.0082**	0.0321	0.0065**	0.0424	0.0156*	0.0991
AC	0.0056**	0.0415	0.0016*	0.1001	0.0071*	0.0972
SIZE	-0.0139**	0.0290	-0.0158**	0.0410	-0.0208*	0.0742
LEV	0.0128	0.2238	0.0188	0.2077	0.0172	0.1523
ROE	0.0817	0.1965	0.0126	0.2544	0.0653	0.2039
CRI	0.1349**	0.0477	0.1752*	0.0757	0.0937	0.1467
CYC	-0.0032	0.1851	-0.0057	0.2750	0.0107	0.2475
AGR	0.0978*	0.0592	0.0741*	0.0856	0.1394	0.1920
IND	控制		控制		控制	
YEAR	控制		控制		控制	
N	1707		1245		462	
Adj R^2	0.2145		0.1879		0.1547	

注：***、**和*分别代表在1%、5%和10%的水平上显著（双尾）。

假设1a的检验结果：由表6－4可知，在全样本检验中，民营上市公司企业盈余管理程度（*AQ*）与政治关联（*PC*）在5%水平上显著正相关；在分样本检验中，东部地区民营上市公司盈余管理程度与政治关联在10%水平上显著正相关，中西部地区民营上市公司盈余管理程度（*AQ*）与政治关联（*PC*）正相关但不显著。这总体上可以说明，相对于无政治关联的民营上市公司，有政治关联的民营上市公司盈余管理程度更大，从而基本证实了假设1a。这可以解释为：政治关联降低了契约方对企业盈余管理的约束，企业更有机会利用盈余管理实现其盈余目标。此外，盈余管理程度与审计师选择（*AC*）分别在5%（全样本）、10%（东部）和5%（中西部）水平上显著正相关，这可能是因为会计师事务所综合实力越小，审计师对企业盈余管理的约束力越小；盈余管理程度与企业规模（*SIZE*）分别在5%（全样本）、5%（东部）和10%（中西部）水平上显著负相关，这可能是因为企业规模越大，其经营状况越稳定，应计利润波动较小，从而盈余管理程度就越低；盈余管理程度与股权集中度（*CRI*）在全样本和分样本中均在10%水平上显著正相关，这可能是因为股权越集中，大股东越有可能通过盈余管理实施“掏空”企业行为；盈余管理程度与成长机会（*AGR*）在10%（全样本）的水平上显著正相关，可能是因为高成长性民营企业一般都是新兴企业，往往资金需求量较大但又面临较多融资约束，因此更有动机通过盈余管理缓解融资约束。盈余管理程度还与财务杠杆（*LEV*）、盈利能力（*ROE*）正相关，与营业周期（*CYC*）负相关，但均不显著。

假设1b检验结果：由表6－5可知，在全样本检验中，民营上市公司的盈余管理程度（*AQ*）与政治关联强度（*PC*）在5%水平上显著正相关；在分样本检验中，东部地区民营上市公司盈余管理程度（*AQ*）与政治关联强度（*PC*）在5%水平上显著正相关，中西部地区民营上市公司盈余管理程度（*AQ*）与政治关联强度（*PC*）在10%水平上显著正相关。这说明民营上市公司的政治关联强度越大，则盈余管理程度就越大，从而基本证实了假设1b。可能原因在于：政治关联强度越大，声誉机制作用和“庇护”作用就越大，从而转移了契约方对会计信息质量的关注程度，为企业实施盈余管理提供了更多的机会和更大的操作空间。此外，盈余管理程度与审计师选择（*AC*）在5%（全样本）和10%（分样本）的水平上显著正相关；与企业规模（*SIZE*）分别在5%（全样本）、5%（东部）和10%（中西部）水平上显著负相关；与股权集中度（*CRI*）分别在5%（全样本）和10%（东部）水平上显著正相关；与成长机会（*AGR*）分别在10%（全样本）和10%（东部）水平上显著正相关。盈余管理程度还与财务杠杆（*LEV*）、盈利能力（*ROE*）正相关，与营业周期（*CYC*）负相关，但均不显著。这些检验结果与假设 1a 的检验结果基本一致。

2. 模型（6.5）回归结果

表 6－3 的描述性统计显示，东部地区与中西部地区民营上市公司在盈余管理程度、政治关联强度等方面存在显著差异。在表 6－4、表 6－5 分样本检验中，东部地区与中西部地区的盈余管理程度与政治关联的显著性也存在一定的差异。这很有可能是由于东部地区与中西部地区市场化程度存在显著差异所致。因此，我们在模型（6.5）中进一步引入市场化程度解释变量，以分析市场化程度与政治关联、盈余管理的关系。回归结果如表 6－6 所示。

表 6－6　　模型（6.5）回归结果

变量	全样本		分样本			
			东部地区		中西部地区	
	系数	P 值	系数	P 值	系数	P 值
PC	0.0112 **	0.0207	0.0081 **	0.0449	0.0214 *	0.0849
MAR	－0.0337	0.2763	－0.0146	0.3522	－0.0810	0.4500
MAR × *PC*	－0.0256 **	0.0493	－0.0201 *	0.0824	－0.0344 **	0.0487
AC	0.0043 **	0.0358	0.0021 **	0.0411	0.0067 *	0.0711
SIZE	－0.0056 **	0.0341	－0.0089 **	0.0447	－0.0189 *	0.0847
LEV	0.0251	0.1726	0.0253	0.2471	0.0354	0.3200
ROE	0.0454	0.2475	0.0575	0.3265	0.0754	0.3193
CRI	0.0349 **	0.0403	0.0095 *	0.1002	0.0592	0.1799
CYC	－0.0057	0.2601	－0.0028 *	0.0966	0.0021	0.1981
AGR	0.0730 *	0.0872	0.0947 **	0.0460	0.1258	0.1529
IND	控制		控制		控制	
YEAR	控制		控制		控制	
N	1707		1245		462	
Adj R^2	0.2634		0.2915		0.1930	

注：*** 、** 和 * 分别代表在 1%、5% 和 10% 的水平上显著（双尾）。

假设 2 检验结果：由表 6－6 可知，在全样本和分样本检验中，盈余管理程度与市场化程度（*MAR*）均负相关且均不显著，而与交叉变量 $MAR \times PC$ 分别在5%（全样本）、10%（东部）和5%（中西部）水平上显著负相关；盈余管理程度与政治关联分别在5%（全样本）、5%（东部）和10%（中西部）水平上显著正相关。总体上而言，回归结果基本验证了假设2，即限定其他条件，相对于市场化程度较高地区的民营上市公司，市场化程度较低地区的民营上市公司，其政治关联对盈余管理程度的影响更为显著。这说明在市场化程度较低的地区，市场反映会计信息的能力有限，再加上法制的不完备、政府的干预，政治关联对民营企业盈余管理程度的影响更大，民营企业在政治关联的“庇护”下，有动机且更有可能进行盈余管理。而在市场化程度较高的地区，市场能够有效反映会计信息，再加上法制环境良好、政府监督有力，政治关联“庇护”作用减弱，这在一定程度上约束了民营企业盈余管理的动机和程度。此外，盈余管理程度与审计师选择（*AC*）分别在5%（全样本）、5%（东部）和10%（中西部）水平上显著正相关；与企业规模（*SIZE*）分别在5%（全样本）、5%（东部）和10%（中西部）水平上显著负相关；与股权集中度（*CRI*）分别在5%（全样本）和10%（东部）水平上显著正相关；与成长机会（*AGR*）分别在10%（全样本）和5%（东部）水平上显著正相关。盈余管理程度还与财务杠杆（*LEV*）、盈利能力（*ROE*）正相关但不显著，与营业周期（*CYC*）负相关但不显著。

此外，为了验证上述研究结果的稳健性，我们依次做了如下检验：①在剔除了控制变量后，回归分析了模型的拟合优度，结果显示没有显著差异；②为了消除极端值的影响，我们对极端值样本实施了上下1%的winsorize处理，然后进行回归，结果显示没有显著差异；③使用GMM方法，控制内生性偏差，结果显示没有显著差异。

6.5 本章小结

本章利用我国深圳中小板民营上市公司2009~2012年间的经验数据，检验了政治关联对民营上市公司盈余管理程度的影响。研究结果表明，政治关联确实对盈余管理程度产生了正向影响，尤其在市场化程度较低的地区，政治关联对盈余管理程度的正向影响更为显著。具体而言：我国民营上市公司中政治关联现象比较普遍，而且相对于东部沿海地区，中西部地区政治关联现象更为普遍且强度更大；政治关联显著影响企业盈余管理程度，有政治关联的民营上市公司的盈余管理程度显著高于无政治关联的民营上市公司；政治关联具有强度差异，民营上市公司的政治关联强度越大，其盈余管理程度就越大；市场化程度对盈余管理有负向影响，但这种影响主要通过政治关联间接发挥作用，即市场化程度越低，民营上市公司的政治关联对盈余管理程度的影响越显著。

第7章

政治关联对民营企业盈余管理方式的影响研究

7.1 引　　言

盈余管理通常包括应计盈余管理和真实盈余管理两种方式。所谓应计盈余管理，是指管理层利用会计手段操控应计项目，从而操纵盈余以实现其特定目标的行为。其本质并未改变企业内在经济活动和现金流量状况，也未改变实际盈余的总额，只是改变了实际盈余的分布期间。然而，由于应计项目操控会受到很多约束，例如会计弹性的约束、监管部门的约束、独立审计师的约束等，因此管理层不可能毫无顾忌地运用应计项目操控实施盈余管理。但应计项目操控并不是盈余管理的唯一方式，当应计盈余管理受到约束时，管理层也可以利用实际活动操控实施盈余管理，即真实盈余管理。所谓真实盈余管理，是指管理层通过构造真实交易活动，从而操纵盈余以实现其特定目标的行为。其本质不仅改变了实际盈余和现金流量的分布期间，而且改变了实际盈余和现金流量的总额。

目前，研究政治关联与盈余管理关系的文献还很少，而且都是基于应计盈余管理的研究，结果表明，政治关联与应计盈余管理存在显著关系。那么政治关联与真实盈余管理是否也存在显著关系呢？如果存在显著关系，那么政治关联、应计盈余管理以及真实盈余管理三者之间是否也存在显著关系呢？研究已经表明，管理层选择盈余管理方式存在一定的顺序性和替代性（Zang，2012；

李彬等，2011），并且有证据表明管理层更加倾向于选择真实盈余管理（Graham et al.，2005；Cohen et al.，2008；Cohen & Zarowin，2010；Zang，2012），即存在盈余管理方式的选择偏好。结合本书的研究目标，我们进一步设想：在我国现有的制度环境下，我国民营企业是否存在盈余管理方式选择偏好？如果民营企业具有政治关联，结果又将如何呢？

基于上述问题，本章将以2009～2012年间深圳中小板民营上市公司为研究对象，在充分考虑各地区市场化程度差异以及企业政治关联强度差异的基础上，研究政治关联对民营企业盈余管理方式的影响，以检验我国民营企业在政治关联的作用下，是否具有盈余管理方式选择偏好。

7.2　理论分析和假设提出

7.2.1　真实盈余管理与企业价值

所谓企业价值，是指企业在未来持续经营期间所能产生的预期现金流量的现值。用现金流量折现模型可表述如下：

$$V = \sum_{t=1}^{n} \frac{CF_t}{(1+k)^t} \tag{7.1}$$

其中，V代表企业价值；CF_t代表企业各期产生的现金流量；k代表折现率；n代表期限。

由模型（7.1）可知，企业价值取决于三个参数：各期现金流量、分布期限以及折现率。真实盈余管理正是扭曲了这三个参数而最终损害了企业价值。结合模型（7.1），具体理由如下：

首先，真实盈余管理扭曲了企业现金流量状况。由于应计盈余管理中应收、应付账款与存货等项目具有短期流动性，并不会改变企业内在的经济活动，不影响公司的现金流量（李增福等，2011）。而与之迥异的是，真实盈余管理以扭曲真实的业务活动为代价增加短期盈余（Roychowdhury，2006），例如处置不该处置的长期资产、削减研发费用等，这将会导致企业经营活动偏离最佳水平，不仅会改变企业当期现金流量（CF_t），从长期来看，还会抑制企业创造未来现金流量的能力，从而对企业现金流量分布期限的长度（n）和现金流量的总额（$\sum_{t=1}^{n} CF_t$）产生不利影响，进而损害企业价值。

其次，真实盈余管理提高了企业资本成本。较之于应计盈余管理，真实盈余管理通常在形式上具有合规性和隐蔽性，不易被察觉，一般更少受到审计师、监管部门、分析师，以及信用评级机构等外部监督或审查（Cohen et al.，2008）。这将给会计盈余带来更多噪音，并且其噪音的方差以及比例对于盈余方差的作用更大，而投资者据此预测未来现金流量的方差和协方差也更大，投资者在利用相关模型估价时，相关参数的估计将更加困难，从而增加了投资者的估价风险（Clarkson et al.，1996）。鉴于这种估价风险是不可分散的（Easley et al.，2002），投资者将要求提高风险溢价，从而提高了企业资本成本，进而放大了模型（7.1）中的折现率（k），最终损害了企业价值。

很多经验证据也支持了上述分析：本斯等（Bens et al.，2002）研究表明，为缓解因员工持股计划带来的每股收益稀释压力，管理层会从正常的生产经营活动中挪用大量资金，用于回购公司股票，从而导致公司之后几年的经营业绩下降。岗尼（2005）研究表明，实施真实盈余管理的企业未来三年的财务业绩明显下降。科恩和查诺文（2010）发现，较之于应计盈余管理，真实盈余管理对公司股权再融资后的业绩损害更大。李增福等（2011）以中国A股上市公司为研究对象，发现在股权再融资过程中，上市公司会同时使用两种盈余管理方式，且应计项目盈余管理会导致融资后公司业绩的短期下滑，而真实盈余管理则会引起公司业绩的长期下滑。王福胜等（2014）也得出了类似结论。

综上所述，相对于应计盈余管理，真实盈余管理扭曲了现金流量折现模型中的三个参数，从而损害了企业长期业绩并最终损害了企业价值，它是企业不得已而为之的操控方式（李彬等，2011）。因此，当管理层需要通过盈余管理实现其盈余目标时，在同等条件下，为了尽量避免损害企业价值，应计盈余管理应该是一个更好的选择。

7.2.2 管理层偏好与盈余管理方式选择

前已论及，从避免损害企业价值的角度，管理层应该偏好应计盈余管理。

但事实却并非如此。科恩等（2008）检验了萨班斯法案（Sarbanes – Qxley Act，SOX）法案的通过是否对管理层选择盈余管理方式产生影响。结果显示，在 SOX 法案通过前，管理层更倾向于选择应计盈余管理；而在 SOX 法案通过以后，应计盈余管理水平开始下降，而真实盈余管理水平开始上升。这与尤尔特和瓦根霍夫（2005）的研究结论一致，他们证实，在一个会计准则更加严格或者执法更加严厉的环境中，管理层有从应计盈余管理转向真实盈余管理的趋势。而格莱爱姆等（Graham et al.，2005）通过对超过 400 位的 CFO 进行调查，80% 的受访者表示愿意为了达到盈余目标而削减研发、广告、维护费用等酌量性费用支出；而超过半数（55.3%）的受访者承认，为了达到盈余目标愿意推迟上马新项目，即便这一行为会牺牲公司的长期价值也在所不惜。科恩和查诺文（2010）围绕增发新股（SEO）研究了两种盈余管理方式，他们同样发现，在 SOX 法案通过之后，增发公司更倾向于用真实盈余管理替代应计盈余管理。赞格（Zang，2012）研究表明，管理层选择真实盈余管理要优先于应计盈余管理，并且当管理层同时利用两种盈余管理方式时，两者之间存在替代关系。松浦（Matsuura，2008）也发现两种盈余管理方式之间存在顺序性和互补性。在国内，李彬等（2011）也得出了类似结论。

真实盈余管理会损害企业价值，但上述研究表明，管理层却表现出对其特殊的选择偏好。在这看似悖论的背后，可能隐含着以下几点原因：①随着各国资本市场的发展，会计政策和相关法规日益完善，外部监管环境也日趋严格，这些都限制了企业利用会计手段实施盈余管理的机会和空间，提高了企业实施应计盈余管理的风险和成本；②应计盈余管理行为通常发生在会计年度末至财务报告对外公告之前，这一阶段的操控行为和结果更容易引起独立审计师的关注，从而增加了被发现及披露的风险；③投资者日趋理性以及综合素质的不断提高，分析师对财务报表解读能力的增强以及证券媒体监督力度的加大，也提高了应计盈余管理被市场识别的概率与风险；④应计项目的回转特性决定了企业不可能无止境地利用会计手段进行盈余管理，前期应计盈余管理的累积程度将压缩后期的调整空间，即应计盈余管理受到会计弹性的约束。而与应计盈余管理不同的是，真实盈余管理可以发生在整个会计年度的任何时段，不受时间限制，实施的自由度比较大；真实盈余管理以构造真实交易活动为手段，由于很难分辨其与正常交易活动的区别，因此具有很大的隐蔽性；真实盈余管理从形式上并没有违反会计准则的规定，从而并不受会计监管的制约和审计师的束缚。

综上所述，由于应计盈余管理受到会计法规、监管环境、独立审计师，以及会计弹性等诸多因素的制约，而真实盈余管理的自由度相对较大且不易被发现，因此，虽然实施真实盈余管理会损害企业价值，但企业管理层更倾向于选择真实盈余管理，即具有真实盈余管理选择偏好。

7.2.3 政治关联与盈余管理方式反转

管理层在面临盈余管理方式选择时，最为关心的是如何能够“明哲保身”。当应计盈余管理被市场识别的风险与成本增加到一定程度时，管理层自然会偏好更为“稳妥”的真实盈余管理，即便有损企业价值也在所不惜。本斯等（2002）研究表明，为了缓解由于员工持股计划而对*EPS*造成的摊薄效应，企业管理当局会从正常的生产经营活动中转移出大量的经济资源，用于回购公司股票，从而导致公司之后几年的经营业绩下降；岗尼（2005）研究表明，相对于无真实盈余管理行为的公司而言，有真实盈余管理行为的公司未来三年的财务业绩明显下降。因此，真实盈余管理是企业不得已而为之的操控方式（李彬等，2011）。所以，当企业面临真实盈余管理与应计盈余管理的抉择时，如果企业可以通过某种途径缓解应计盈余管理面临的诸多约束，以降低企业实施应计盈余管理被发现以及被处罚的风险与成本，那么企业管理层应该更愿意选择应计盈余管理。而事实上，政治关联在一定程度上可以起到缓解应计盈余管理约束的作用。

具体而言，政治关联的作用主要体现在两个方面：一方面，政治关联作为一种声誉机制，可以向契约方传递以下信号：①企业自身综合实力强，能够得到社会公众的认可，只有具有良好声誉的企业才有可能得到政府的青睐；②企业能够利用政治关联从政府获得更多的经济资源和政策支持，企业具有良好的发展前景；③如果企业陷入危机，政府更有可能伸出“援助之手”助其渡过难关，这相当于为企业提供了一个可靠的“隐性担保”。这些信号转移了契约方对企业会计信息的关注，缓解了契约方对民营企业应计盈余管理的约束。另一方面，政治关联作为一种庇护机制，假如民营企业实施应计盈余管理被契约方发现，契约方可能会基于民营企业政治背景的考虑而主动高抬贵手；即便是契约方“得理不饶人”，民营企业也可以动用其政治关联网络与之友好沟通（例如与税务部门沟通)，甚至在必要的情况下利用政治关联对契约方施压（例如对独立审计师施压)，迫使其网开一面。这在一定程度上降低了民营企业实施应计盈余管理的风险与成本，从而缓解了契约方对民营企业应计盈余管理的约束。

综上所述，民营企业可以通过政治关联缓解契约方对其应计盈余管理的约束，从而降低实施应计盈余管理可能承担的风险与成本，进而为其实施应计盈余管理提供了更大的机会和空间。经验证据也表明，民营企业政治关联强度越大，应计盈余管理程度就越大；反之，应计盈余管理程度就越小（刘永泽等，2013)。因此，为了实现既定盈余目标，当民营企业具有政治关联时，政治关联强度越大，企业实施应计盈余管理所受约束越少，企业越有可能增加应计盈余管理而减少真实盈余管理，即产生盈余管理方式选择偏好反转现象。

基于以上分析，我们有理由提出以下假设：政治关联会影响民营上市公司盈余管理方式的选择，限定其他条件，具有政治关联的民营上市公司更倾向于选择应计盈余管理，即民营上市公司政治关联强度越大，应计盈余管理程度越大，而销售性操控程度、生产性操控程度、费用性操控程度以及真实盈余管理总程度越小；反之则反。

7.3 研究设计

7.3.1 样本选择

本章以深圳中小板2009~2012年间所有民营上市公司为初选样本，并按照研究惯例依次剔除以下样本：①金融保险类上市公司；②ST和*ST上市公司；③年报中“董事、监事、高级管理人员和员工情况”披露不详的上市公司；④数据缺失的上市公司；⑤数据异常的上市公司。最终获得了1680家样本公司，其中2009年、2010年、2011年、2012年样本分别为272个、410个、500个、498个。本章的财务数据来源于Wind数据库；政治关联数据来源于深交所网站披露的中小板上市公司年度的年度财务报告，同时以百度搜索引擎作为辅助手段，采取手工方法进行采集；市场化程度数据来源于樊纲等（2011）编写的《中国市场化指数——各地区市场化相对进程2011年报告》；审计师选择数据来源于中国注册会计师协会发布的《2013年会计师事务所综合评价前百家信息》。

7.3.2 变量定义

1. 被解释变量

被解释变量是真实盈余管理，通常采用销售性操控、生产性操控和费用性操控加以度量，本章也借鉴这一方法。销售性操控通常会导致当期每单位销售带来的经营现金净流量的减少；生产性操控通常会导致当期总生产成本增加；费用性操控通常会减少当期酌量性费用支出。因此，如果企业通过上述三种方式实施了真实盈余管理，那么企业将会表现出更低的异常经营现金净流量、更高的异常生产总成本，以及更低的异常酌量性费用支出。我们借鉴罗伊乔杜里（2006）、李彬等（2009）、科恩（2008）、赞格（2012）的做法，采用以下四个模型对真实盈余管理程度进行度量，具体如下：

（1）经营现金净流量模型。罗伊乔杜里（2006）、德肖等（1998）认为正常的经营活动现金流量是当期销售收入和当期销售收入变化的线性函数，据此得出期望经营现金流量估计模型。但李彬等（2009）认为，上述做法是以销售流程为研究基础的，在估算经营活动现金流量时，没有考虑固定成本的影响。为克服上述缺陷，他们依据现金流量表结构，以经营活动现金流量产生流程为研究基础，构建经营活动现金流量估计模型。本章采用李彬等（2009）的研究成果，其具体模型如下：

$$TCFO_{i,t}=\frac{CFO_{i,t}}{A_{i,t-1}}=\frac{\beta_0}{A_{i,t-1}}+\beta_1\left(\frac{S_{i,t}}{A_{i,t-1}}\right)+\beta_2\left(\frac{\Delta S_{i,t}}{A_{i,t-1}}\right)+\beta_3\left(\frac{\Delta S_{i,t-1}}{A_{i,t-1}}\right)+\beta_4\left(\frac{EC_{i,t}}{A_{i,t-1}}\right)+\beta_5\left(\frac{TC_{i,t}}{A_{i,t-1}}\right)+\beta_6\left(\frac{OC_{i,t}}{A_{i,t-1}}\right)+\xi_{i,t} \tag{7.2}$$

$$NCFO_{i,t}=\frac{\hat{\beta}_0}{A_{i,t-1}}+\hat{\beta}_1\left(\frac{S_{i,t}}{A_{i,t-1}}\right)+\hat{\beta}_2\left(\frac{\Delta S_{i,t}}{A_{i,t-1}}\right)+\hat{\beta}_3\left(\frac{\Delta S_{i,t-1}}{A_{i,t-1}}\right)+\hat{\beta}_4\left(\frac{EC_{i,t}}{A_{i,t-1}}\right)+\hat{\beta}_5\left(\frac{TC_{i,t}}{A_{i,t-1}}\right)+\hat{\beta}_6\left(\frac{OC_{i,t}}{A_{i,t-1}}\right) \tag{7.3}$$

$$ACFO_{i,t} = TCFO_{i,t} - NCFO_{i,t} = \xi_{i,t} \quad (7.4)$$

（2）生产性操控模型。本章采用罗伊乔杜里（2006）的生产性操控模型。具体模型如下：

$$TPROD_{i,t} = \frac{PROD_{i,t}}{A_{i,t-1}} = \frac{\beta_0}{A_{i,t-1}} + \beta_1\left(\frac{S_{i,t}}{A_{i,t-1}}\right) + \beta_2\left(\frac{\Delta S_{i,t}}{A_{i,t-1}}\right) + \beta_3\left(\frac{\Delta S_{i,t-1}}{A_{i,t-1}}\right) + \xi_{i,t} \quad (7.5)$$

$$NPROD_{i,t} = \frac{\hat{\beta}_0}{A_{i,t-1}} + \hat{\beta}_1\left(\frac{S_{i,t}}{A_{i,t-1}}\right) + \hat{\beta}_2\left(\frac{\Delta S_{i,t}}{A_{i,t-1}}\right) + \hat{\beta}_3\left(\frac{\Delta S_{i,t-1}}{A_{i,t-1}}\right) \quad (7.6)$$

$$APROD_{i,t} = TPROD_{i,t} - NPROD_{i,t} = \xi_{i,t} \quad (7.7)$$

（3）费用性操控模型。本章采用罗伊乔杜里（2006）的费用性操控模型。具体模型如下：

$$TDISEXP_{i,t} = \frac{DISEXP_{i,t}}{A_{i,t-1}} = \frac{\beta_0}{A_{i,t-1}} + \beta_1\left(\frac{S_{i,t-1}}{A_{i,t-1}}\right) + \xi_{i,t} \quad (7.8)$$

$$NDISEXP_{i,t} = \frac{\hat{\beta}_0}{A_{i,t-1}} + \hat{\beta}_1\left(\frac{S_{i,t-1}}{A_{i,t-1}}\right) \quad (7.9)$$

$$ADISEXP_{i,t} = TDISEXP_{i,t} - NDISEXP_{i,t} = \xi_{i,t} \quad (7.10)$$

（4）真实盈余管理总程度模型。由于企业可能同时采用几种手段进行真实盈余管理，因此，我们借鉴科恩（2008）、赞格（2012）的做法，将上述三种真实盈余管理进行汇总。由于如果企业实施了销售性操控、生产性操控和费用性操控，则 $ACFO$ 与 $ADISEXP$ 将低于正常值，$APROD$ 将高于正常值，因此，真实盈余管理总程度模型如下：

$$RM_{i,t} = APROD_{i,t} - ACFO_{i,t} - ADISEXP_{i,t} \quad (7.11)$$

（5）模型中变量释义。$TCFO_{i,t}$表示 i 公司第 t 期的经营活动现金净流量，等于经营活动现金流入减去经营活动现金流出，再除以 $A_{i,t-1}$予以无量纲化；$PROD_{i,t}$表示 i 公司第 t 年的生产成本，等于销售成本与存货变动之和，再除以 $A_{i,t-1}$予以无量纲化；$DISEXP_{i,t}$表示为 i 公司第 t 年的酌量性费用，等于销售费用和管理费用之和，再除以 $A_{i,t-1}$予以无量纲化；$NCFO_{i,t}$表示 i 公司第 t 期的非操控性经营活动净现金流量；$NPROD_{i,t}$表示 i 公司第 t 期的非操控性生产成本；$NDISEXP_{i,t}$表示 i 公司第 t 期的非操控性酌量费用；$ACFO_{i,t}$表示操控性经营活动净现金流量；$APROD_{i,t}$表示操控性生产成本；$ADISEXP_{i,t}$表示操控性酌量费用；$RM_{i,t}$表示真实盈余管理总程度；$A_{i,t-1}$表示 i 公司第 $t-1$ 期的资产总额；

$S_{i,t}$表示 i 公司第 t 期销售收入；$\Delta S_{i,t}$表示 i 公司第 t 期销售收入变动额（第 t 期销售收入与第 $t-1$ 期销售收入的差额）；$\Delta S_{i,t-1}$表示 i 公司第 $t-1$ 期销售收入变动额（第 $t-1$ 期销售收入与第 $t-2$ 期销售收入的差额）；$TC_{i,t}$表示 i 公司第 t 期各项税费开支总额；$EC_{i,t}$表示 i 公司第 t 期支付给职工以及为职工支付的现金；$OC_{i,t}$表示 i 公司第 t 期其他与经营活动有关的现金。

（6）被解释变量的计算过程。第一步，通过模型（7.2）、模型（7.5）、模型（7.8）回归得到各个系数 β 的估计值 $\hat{\beta}$；第二步，将各回归系数 $\hat{\beta}$ 代到模型（7.3）、模型（7.6）、模型（7.9）中，计算出非操控性经营活动净现金流量（$NCFO_{i,t}$）、非操控性生产成本（$NPROD_{i,t}$）和非操控性酌量费用（$NDISEXP_{i,t}$）；第三步，通过模型（7.4）、模型（7.7）、模型（7.10）和模型（7.11）计算操控性经营活动净现金流量（$ACFO_{i,t}$）、操控性生产成本（$APROD_{i,t}$）、操控性酌量费用（$ADISEXP_{i,t}$）和真实盈余管理总程度（$RM_{i,t}$）。

2. 解释变量

根据研究需要，本章选择政治关联（PC）和应计盈余管理（AQ）作为解释变量。①政治关联：本章将继续采用前面构建的政治关联指数模型来度量政治关联，具体方法见模型（5.1）、模型（5.2）、模型（5.3）；②应计盈余管理：本章将继续采用陆建桥（1999）的扩展 Jones 模型度量应计盈余管理，具体方法见模型（6.1）、模型（6.2）、模型（6.3）。

3. 控制变量

由于企业的盈余管理活动受到多种因素的影响，为了能够更好地实现研究目标，本章在研究中加入以下控制变量：

李彬等（2011）在研究实际活动操控、应计项目操控与会计弹性的关系时，选择了盈利状况、筹资需求、公司成长状况、公司规模、审计意见类型，以及会计师事务所规模等控制变量；林永坚等（2013）在基于真实活动操控的盈余管理研究中，选择了公司规模、资产负债率、资产回报率、公司成长性，以及盈余管理柔性等控制变量。此外，研究表明，市场化程度会对企业盈余管理（余玉苗和史伟，2009；刘永泽等，2013）抑或会计信息质量（易玄等，2012）产生影响；会计弹性对应计盈余管理有一定的约束作用（Barton & Simko，2002；李彬等，2009、2011）。[①] 综合以上，我们选择了以下控制变量：市场化程度（*MAR*）、会计弹性（*BSC*）、审计师选择（*AC*）、公司规模（*SIZE*）、财务杠杆（*LEV*）、盈利能力（*ROE*）、股权集中度（*CRI*）、营业周期（*CYC*）、成长机会（*AGR*），以及行业（*IND*）和年度（*YEAR*）。

7.3.3 模型设计

为了检验前述假设，我们构建模型（7.12）、模型（7.13）、模型（7.14）和模型（7.15）如下：

$$ACFO = \beta_0 + \beta_1 AQ + \beta_2 PC + \beta_3 PC \times AQ + \beta_4 MAR + \beta_5 BSC + \beta_6 AC + \beta_7 SIZE + \beta_8 LEV + \beta_9 ROE + \beta_{10} CRI + \beta_{11} CYC + \beta_{12} AGR + \beta_{13} IND + \beta_{14} YEAR + \xi \tag{7.12}$$

$$APROD = \beta_0 + \beta_1 AQ + \beta_2 PC + \beta_3 PC \times AQ + \beta_4 MAR + \beta_5 BSC + \beta_6 AC + \beta_7 SIZE + \beta_8 LEV + \beta_9 ROE + \beta_{10} CRI + \beta_{11} CYC + \beta_{12} AGR + \beta_{13} IND + \beta_{14} YEAR + \xi \tag{7.13}$$

$$ADISEXP = \beta_0 + \beta_1 AQ + \beta_2 PC + \beta_3 PC \times AQ + \beta_4 MAR + \beta_5 BSC + \beta_6 AC + \beta_7 SIZE + \beta_8 LEV + \beta_9 ROE + \beta_{10} CRI + \beta_{11} CYC + \beta_{12} AGR + \beta_{13} IND + \beta_{14} YEAR + \xi \tag{7.14}$$

$$RM = \beta_0 + \beta_1 AQ + \beta_2 PC + \beta_3 PC \times AQ + \beta_4 MAR + \beta_5 BSC + \beta_6 AC + \beta_7 SIZE + \beta_8 LEV + \beta_9 ROE + \beta_{10} CRI + \beta_{11} CYC + \beta_{12} AGR + \beta_{13} IND + \beta_{14} YEAR + \xi \tag{7.15}$$

根据理论分析，模型（7.12）和模型（7.14）中变量 *AQ*、*PC* 以及交叉变量 $PC \times AQ$ 的回归系数应该均为正值；模型（7.13）和模型（7.15）中变量 *AQ*、*PC* 以及交叉变量 $PC \times AQ$ 的回归系数应该均为负值。模型（7.12）、

① 利润表反映了企业特定会计期间的经营成果，而资产负债表不仅反映了企业在某特定时点的财务状况，还在一定程度上包含了利润表所反映的结果。利润表与资产负债表之间的勾稽关系表明：会计盈余与净资产存在着内在联系，以往的会计政策选择会影响当期的资产负债表，具有累积效应，净资产的高估或低估水平反映了公司在以前会计年度对应计项目的调整程度。Barton 和 Simko（2002）运用“期末净经营资产/销售收入”反映净资产的高估水平，取值越小，表示公司的净资产高估程度越小，公司可利用的应计盈余管理空间越大。李彬等（2009、2011）在此基础上用 BSC 表示公司的“期末净经营资产/销售收入”与对应行业中值的比值，BSC 值越高，则表明公司可利用的应计盈余管理空间越小。本书借鉴了他们的方法。

模型（7.13）、模型（7.14）和模型（7.15）具体变量说明如表7－1所示。

表7－1　　　　变量说明

变量性质	变量代码	变量名称	变量定义
被解释变量	*ACFO*	可操控性经营活动现金净流量	销售操控程度，参见模型（7.2）、模型（7.3）和模型（7.4）
	APROD	可操控性生产成本	生产成本操控程度，参见模型（7.5）、模型（7.6）和模型（7.7）
	ADISEXP	可操控性酌量费用	费用操控程度，参见模型（7.8）、模型（7.9）和模型（7.10）
	RM	真实盈余管理	真实盈余管理总程度，参见模型（7.11）
解释变量	*AQ*	应计盈余管理	应计盈余管理总程度，参见模型（6.1）、模型（6.2）和模型（6.3）
	PC	政治关联	政治关联强度，参见模型（5.1）、模型（5.2）和模型（5.3）
控制变量	*MAR*	市场化程度	以樊纲等（2011）编写的《中国市场化指数》中的各地区市场化进程总得分作为替代变量
	BSC	会计弹性	根据李彬等（2009、2011）的做法，用*BSC*加以度量；*BSC*越大，会计弹性越小
	AC	会计师事务所选择	选择“六大”会计师事务所取值0，选择非“六大”会计师事务所取值1①
	SIZE	公司规模	用年末总资产的自然对数表示
	LEV	财务杠杆	用资产负债率表示
	ROE	盈利能力	用净资产收益率表示
	CRI	股权集中度	用第一大股东持股比例表示
	CYC	营业周期	用营业周期的自然对数表示
	AGR	成长机会	用总资产增长率表示
	IND	行业	行业虚拟变量
	YEAR	年度	年度虚拟变量

① “六大”的选择依据是中国注册会计师协会发布的《2013年会计师事务所综合评价前百家信息》，按照综合评价得分选择名列前六位的会计师事务所。

7.4　实证结果与分析

7.4.1　描述性统计

我们首先对全样本进行描述性统计，然后分样本进行均值 *T* 检验，结果如表7－2、表7－3所示。

表7－2　描述性统计（1）

变量	全样本 N＝1680		有政治关联组 N＝951		无政治关联组 N＝729		T 检验
	平均值	标准差	平均值	标准差	平均值	标准差	T 值
ACFO	－0.0389	0.1162	0.0271	0.1285	－0.1250	0.0886	－2.7769**
APROD	－0.0104	0.1211	0.0128	0.1338	－0.0407	0.0929	－0.0686
ADISEXP	0.0001	0.0042	－0.0002	0.0045	0.0005	0.0037	－3.9816**
RM	0.0284	0.1614	0.0084	0.1748	0.0545	0.1326	－2.1728**
AQ	0.1063	0.1145	0.1101	0.1231	0.1013	0.1131	－3.1024**
PC	1.9354	2.1134	3.4190	1.9446	NA	NA	NA
MAR	9.9982	1.7493	9.9523	1.8372	10.0581	1.5696	12.4392***
BSC	1.1485	0.6924	1.1418	0.6512	1.1572	0.7641	0.8225
AC	0.8095	0.3928	0.8219	0.3828	0.7933	0.4103	－0.4655
SIZE	21.1852	0.7786	21.2698	0.8180	21.0748	0.6715	－2.3974**
LEV	0.3277	0.1872	0.3331	0.1910	0.3207	0.1796	0.4699
ROE	0.1076	0.0854	0.1084	0.0838	0.1066	0.0884	－0.1986
CRI	0.3745	0.1496	0.3771	0.1504	0.3711	0.1482	0.4496
CYC	5.0918	0.7271	5.1017	0.7297	5.0789	0.7224	1.2487
AGR	0.4360	0.6748	0.4308	0.6743	0.4428	0.6762	－0.6160

注：***、** 和 * 分别代表在1%、5%和10%的水平上显著（双尾）。

表 7－3　　描述性统计（2）

变量	全样本 N＝1680		东部地区 N＝1221		中西部地区 N＝459		T 检验
	平均值	标准差	平均值	标准差	平均值	标准差	T 值
ACFO	－0.0189	0.1162	0.0071	0.1156	－0.0881	0.1190	0.7769
APROD	－0.0104	0.1211	0.0013	0.1206	－0.0415	0.1232	－1.8065*
ADISEXP	0.0001	0.0042	－0.0001	0.0042	0.0006	0.0043	－2.6993***
RM	0.0284	0.1614	0.0435	0.1640	－0.0118	0.1481	－2.0765**
AQ	0.1063	0.1145	0.1034	0.0706	0.1140	0.1261	－2.7388**
PC	1.9354	2.1134	1.8012	2.0295	2.2924	2.3663	－5.5668***
MAR	9.9982	1.7493	10.6177	1.1370	8.3502	1.2384	46.5416***
BSC	1.1485	0.6924	1.1177	0.6574	1.2304	0.8191	－3.8702***
AC	0.8095	0.3928	0.7889	0.4082	0.8643	0.2979	－4.5790***
SIZE	21.1852	0.7786	21.1997	0.7962	21.1466	0.6918	2.6192**
LEV	0.3277	0.1872	0.3284	0.1858	0.3258	0.1934	0.3426
ROE	0.1076	0.0854	0.1066	0.0860	0.1103	0.0827	0.7986
CRI	0.3745	0.1496	0.3770	0.1456	0.3678	0.1664	1..4729
CYC	5.0918	0.7271	5.0888	0.6817	5.0998	0.9042	－0.3682
AGR	0.4360	0.6748	0.4293	0.6752	0.4538	0.6734	－0.8614

注：***、** 和 * 分别代表在 1%、5% 和 10% 的水平上显著（双尾）。

由表 7－2 可知，在全样本中，可操控性经营活动现金净流量（*ACFO*）、可操控性生产成本（*APROD*）、可操控性酌量费用（*ADISEXP*）和真实盈余管理总程度（*RM*）的平均值分别为－0.0389、－0.0104、0.0001 和 0.0284，这说明总体上而言，我国民营上市公司存在较为普遍的真实盈余管理现象。进一步以有、无政治关联进行分组发现，无政治关联样本组的 *ACFO* 均值（－0.1250）显著小于有政治关联样本组的 *ACFO* 均值（0.0271），无政治关联样本组的 *RM* 均值（0.0545）显著大于有政治关联样本组的 *RM* 均值（0.0084），有政治关联样本组的 *AQ*（0.1101）显著大于无政治关联样本组的 *AQ*（0.1013），这与我们的预期相符，说明无政治关联的民营上市公司更倾向于选择真实盈余管理，有政治关联的民营上市公司更倾向于选择应计盈余管理；而无政治关联样本组的 *ADISEXP* 均值（0.0005）显著大于有政治关联样本组的 *ADISEXP* 均值

（-0.0002），无政治关联样本组的 *APROD* 均值（-0.0407）小于有政治关联样本组的 *APROD* 均值（0.0128）但不显著，这与我们的预期不相符，有待进一步检验。此外，有政治关联样本组的 *MAR*、*SIZE* 与无政治关联样本组也存在显著差异。

我们进一步划分东部地区和中西部地区样本组，由表7-3可知，东部地区样本组的 *APROD* 均值（0.0013）显著大于中西部地区样本组的 *APROD* 均值（-0.0415），东部地区样本组的 *ADISEXP* 均值（-0.0001）显著小于中西部地区样本组的 *ADISEXP* 均值（0.0006），东部地区样本组的 *RM* 均值（0.0435）显著大于中西部地区样本组的 *RM* 均值（-0.0118），东部地区样本组的 *AQ* 均值（0.1034）显著小于中西部地区样本组的 *AQ* 均值（0.1140），这与我们预期相符，说明东部地区民营上市公司更倾向于选择真实盈余管理，中西部地区民营上市公司更倾向于选择应计盈余管理；可能原因在于不同地区的市场化程度差异影响了企业盈余管理方式的选择。此外，东部地区样本组的 *ACFO* 均值（0.0071）大于中西部地区样本组的 *ACFO* 均值（-0.0881）但不显著，有待进一步检验；东部地区样本组的变量 *PC*、*MAR*、*BSC*、*AC*、*SIZE* 与中西部地区样本组也存在显著差异。

7.4.2　模型回归分析

本章使用静态面板回归模型进行估计，Hausman 检验显著地拒绝了随机效应模型的假设，所以本章使用固定效应模型进行估计。为了避免异方差与序列相关问题，本章使用德里斯科尔和克雷（Driscoll & Kraay，1998）提出的面板固定效应方法进行回归估计。

1. 模型（7.12）回归结果

由表7-4可知，在全样本检验中，变量 *ACFO* 与变量 *AQ* 在1%水平上显著正相关，这说明应计盈余管理与销售性操控之间存在一定的替代关系，应计盈余管理程度越大，销售性操控程度就越小，这与赞格（2012）和李彬等（2011）的研究结论是一致的；变量 *ACFO* 与变量 *PC* 正相关但不显著，与交叉变量 $PC \times AQ$ 在1%的水平上显著正相关，这说明政治关联与销售性操控并不存在显著的直接关系，但在政治关联的作用下，民营企业的应计盈余管理操作空间更大，管理层更倾向于选择应计盈余管理而规避销售性操控，从而使得应计盈余管理对销售性操控的替代作用更大。在分样本检验中，变量 *ACFO* 与变量 *AQ*、交叉变量 *PC*×*AQ* 也在不同程度上呈现出显著的正相关关系，这进一步说明在政治关联作用下，管理层更倾向于选择应计盈余管理。此外，在全样本检验中，变量 *ACFO* 还与变量 *BSC* 在5%水平上显著负相关，这说明会计弹性限制了应计盈余管理的空间，在其作用下企业有选择销售性操控的倾向；与变量 *AC* 在5%水平上显著正相关，可能是因为会计师事务所综合实力越弱，其对民营企业实施应计盈余管理的约束力越小，企业越有可能选择应计盈余管理而规避销售性操控；与变量 *CRI* 在5%水平上显著正相关，可能是因为大股东也不希望轻易采用有损企业价值的销售性操控。

表7-4　　模型（7.12）回归结果

变量	全样本		分样本			
			东部地区		中西部地区	
	系数	*P* 值	系数	*P* 值	系数	*P* 值
AQ	0.0428***	0.0071	0.0489**	0.0482	0.0290*	0.1007
PC	0.0219	0.1677	0.0238	0.1945	0.0112	0.2529
PC×*AQ*	0.0286***	0.0058	0.0344**	0.0459	0.0484*	0.0838
MAR	-0.0074	0.1477	-0.0085	0.2311	-0.0109	0.2673
BSC	-0.0370**	0.0182	-0.0248**	0.0156	-0.0211*	0.0954
AC	0.0013**	0.0489	0.0012*	0.0823	-0.0025	0.4751
SIZE	-0.0072	0.2745	-0.0175	0.2459	-0.0179	0.1694
LEV	0.1479	0.2512	0.1945	0.3211	-0.0049	0.3914
ROE	0.1272	0.1872	0.1578	0.2465	0.2147	0.1576
CRI	0.0092**	0.0430	0.0075	0.1921	0.0315	0.1523
CYC	-0.0328	0.1472	-0.0273	0.3001	-0.0258	0.2546
AGR	-0.0075*	0.0956	-0.0018	0.1803	-0.0176	0.1403
IND	控制		控制		控制	
YEAR	控制		控制		控制	
N	1680		1221		459	
Adj R^2	0.2357		0.2877		0.1871	

注：***、**和*分别代表在1%、5%和10%的水平上显著（双尾）。

2. 模型（7.13）回归结果

由表7-5可知，在全样本检验中，变量*APROD*与变量*AQ*在1%水平上显著负相关，这说明应计盈余管理与生产性操控也存在替代关系，即应计盈余管理程度越大，生产性操控程度就越小；变量*APROD*与变量*PC*在负相关但不显著，与交叉变量*PC*×*AQ*在5%的水平上显著负相关，这同样说明政治关联影响生产性操控主要通过间接方式，即政治关联通过缓解应计盈余管理面临的诸多约束，从而使得民营企业有更多机会和空间实施应计盈余管理，两者的综合作用对生产性操控也起到了更大的替代作用。在分样本检验中，东部地区分样本中的变量*APROD*与变量*AQ*、交叉变量*PC*×*AQ*在不同水平上呈现显著负向关系，这进一步证实了前述假设；而在中西部地区分样本中，变量*APROD*与变量*AQ*在10%水平上显著负相关，与交叉变量*PC*×*AQ*正相关但不显著，这可能是因为中西部地区市场化程度相对较低，市场对应计盈余管理的约束较小，从而弱化了政治关联通过应计盈余管理对真实盈余管理的替代作用。

表7-5　　　　模型（7.13）回归结果

变量	全样本		分样本			
			东部地区		中西部地区	
	系数	*P*值	系数	*P*值	系数	*P*值
AQ	-0.0124***	0.0091	-0.0290***	0.0102	-0.0792*	0.0623
PC	-0.0429	0.1924	-0.0354	0.1812	-0.1102	0.3401
PC×*AQ*	-0.0391**	0.0825	-0.0327**	0.0976	0.0148	0.3392
MAR	0.0045	0.2521	0.0086	0.2452	-0.0127	0.3217
BSC	0.0363**	0.0211	0.0236*	0.0792	-0.0192	0.1409
AC	-0.0026	0.1895	-0.0022	0.1914	-0.0113	0.1652
SIZE	-0.0147*	0.0502	-0.0257	0.1108	0.0190	0.1554
LEV	0.1502***	0.0051	0.1957	0.0014	-0.0167	0.4231
ROE	-0.1789**	0.0321	-0.1822*	0.0514	-0.2382*	0.0903
CRI	-0.1122*	0.0951	-0.2734	0.1182	0.0398	0.2325

续表

变量	全样本		分样本			
			东部地区		中西部地区	
	系数	*P* 值	系数	*P* 值	系数	*P* 值
CYC	-0.0331	0.1456	-0.0224	0.3987	-0.0275*	0.0589
AGR	0.0032	0.2629	0.0026	0.2722	-0.0142	0.2245
IND	控制		控制		控制	
YEAR	控制		控制		控制	
N	1680		1221		459	
Adj R^2	0.2718		0.2450		0.1603	

注：***、** 和 * 分别代表在 1%、5% 和 10% 的水平上显著（双尾）。

3. 模型（7.14）回归结果

由表 7-6 可知，在全样本检验中，变量 *ADISEXP* 与变量 *AQ* 在 5% 水平上显著正相关，这说明应计盈余管理同样与费用性操控之间具有替代关系，应计盈余管理程度越大，费用性操控程度就越小；变量 *ADISEXP* 与变量 *PC* 正相关但不显著，与交叉变量 $PC \times AQ$ 在 5% 的水平上显著正相关，这仍然说明政治关联本身对费用性操控并无显著影响，而只是通过显著影响应计盈余管理，然后将这种影响间接传递给费用性操控，两者的综合作用凸显出民营企业倾向于应计盈余管理的选择偏好。在分样本检验中，东部地区分样本中的变量 *ADISEXP* 与变量 *PC* 正相关但不显著，与交叉变量 $PC \times AQ$ 在 5% 水平上显著正相关，这进一步证实了前述假设；在中西部地区分样本检验中，变量 *ADISEXP* 与变量 *AQ* 负相关但不显著，这说明在中西部地区应计盈余管理与费用性操控不存在替代关系，可能的原因有待进一步研究；变量 *ADISEXP* 与交叉变量 $PC \times AQ$ 正相关但不显著，这同样可能因为中西部市场化程度不高弱化了政治关联通过应计盈余管理对费用性操控的间接影响。

表7-6　模型（7.14）回归结果

变量	全样本		分样本			
			东部地区		中西部地区	
	系数	*P* 值	系数	*P* 值	系数	*P* 值
AQ	0.0118**	0.0370	0.0149**	0.0468	-0.0007	0.3751
PC	0.0869	0.1766	0.0636	0.1753	0.0941	0.1474
PC×*AQ*	0.0096**	0.0349	0.0114**	0.0414	0.0053	0.2916
MAR	-0.0127	0.1607	-0.0154	0.2140	-0.0435	0.2956
BSC	-0.0164**	0.0459	-0.0187	0.1644	-0.0111*	0.0841
AC	0.0058**	0.0319	0.0079*	0.0902	-0.0039	0.1735
SIZE	0.0045*	0.0733	-0.0059	0.2771	-0.0189	0.0515*
LEV	-0.0369	0.3403	0.0246	0.2851	-0.0157	0.5121
ROE	-0.1241*	0.0511	-0.1263*	0.0420	-0.2371	0.3181
CRI	0.0219	0.5174	0.0196	0.6278	0.0247	0.5487
CYC	-0.0483	0.1172	0.0088	0.4865	-0.0189	0.1419
AGR	0.0021	0.3651	0.0025	0.2742	0.0048	0.4520
IND	控制		控制		控制	
YEAR	控制		控制		控制	
N	1680		1221		459	
Adj R^2	0.2721		0.2258		0.1982	

注：***、**和*分别代表在1%、5%和10%的水平上显著（双尾）。

4. 模型（7.15）回归结果

由表7-7可知，在全样本检验中，变量*RM*与变量*AQ*在5%水平上显著正相关，这说明应计盈余管理同样与真实盈余管理总程度之间具有替代关系，应计盈余管理程度越大，真实盈余管理总程度就越小；变量*RM*与变量*PC*负相关但不显著，与交叉变量*PC*×*AQ*在5%的水平上显著正相关，这说明政治关联对真实盈余管理总程度的影响也是通过应计盈余管理间接发生作用的，即政治关联强度越大，应计盈余管理程度就越大，从而真实盈余管理总程度就越小。在分样本检验中，东部地区分样本中的变量*RM*与变量*PC*负相关但不显著，与交叉变量*PC*×*AQ*在5%水平上显著负相关，这进一步证实了前述假设；

在中西部地区分样本中，变量 *RM* 与变量 *AQ* 负相关但不显著，这与预期不符，原因有待进一步研究；变量 *RM* 与交叉变量 *PC*×*AQ* 负相关但不显著。

表 7－7　　　　模型（7.15）回归结果

变量	全样本		分样本			
			东部地区		中西部地区	
	系数	*P* 值	系数	*P* 值	系数	*P* 值
AQ	－0.0254**	0.0379	－0.0217**	0.0316	－0.0167	0.2134
PC	－0.0172	0.1370	－0.0186	0.1743	－0.1372	0.2188
PC×*AQ*	－0.0351**	0.0315	－0.0272**	0.0489	－0.0571	0.1930
MAR	0.0471	0.3902	0.0379	0.2873	0.0571	0.4726
BSC	0.0311*	0.0627	0.0372**	0.0432	0.0629*	0.0702
AC	－0.0017**	0.0446	0.0025	0.3115	－0.0017*	0.0582
SIZE	－0.1070***	0.0071	－0.2133	0.1651	－0.1924*	0.0536
LEV	0.0895*	0.0753	0.1193	0.1912	0.3472	0.1804
ROE	－0.0181	0.275	－0.0183	0.653	－0.0235	0.778
CRI	－0.0147**	0.0441	0.0256	0.1245	0.0045	0.1476
CYC	－0.0122	0.2934	0.0211	0.3730	－0.0316	0.2745
AGR	0.0040	0.3277	－0.0022	0.2511	－0.0017	0.4474
IND	控制		控制		控制	
YEAR	控制		控制		控制	
N	1680		1221		459	
Adj R^2	0.2425		0.1914		0.2014	

注：***、**和*分别代表在1%、5%和10%的水平上显著（双尾）。

综合以上检验，分别采用变量 *ACFO*、*APROD*、*ADISEXP* 和 *RM* 作为真实盈余管理的替代变量，研究了政治关联对盈余管理方式选择的影响。结果显示，民营上市公司政治关联强度越大，应计盈余管理程度越大，而销售性操控程度、生产性操控程度、费用性操控程度以及真实盈余管理总程度越小；反之则反。从而基本证实了本章所提假设。

此外，为了验证上述研究结果的稳健性，我们依次做了如下检验：①在剔除了控制变量后，回归分析了模型的拟合优度，结果显示没有显著差异；②为了消除极端值的影响，我们对极端值样本实施了上下1%的winsorize处理，然后进行回归，结果显示没有显著差异；③使用GMM方法，控制内生性偏差，结果显示没有显著差异。

7.5　本章小结

本章利用我国深圳中小板民营上市公司2009~2012年间的经验数据，检验了政治关联对民营企业盈余管理方式的影响，验证了在政治关联的作用下，我国民营企业是否存在盈余管理方式的选择偏好。研究结果表明，我国民营上市公司存在盈余管理方式的选择偏好，即民营企业政治关联强度越大，应计盈余管理程度越高，而销售性操控程度、生产性操控程度、费用性操控程度，以及真实盈余管理总程度越低；反之则反。这是因为，政治关联使得契约方放松了对民营企业应计盈余管理的约束，因此民营企业实施应计盈余管理的机会和空间更大，同时考虑到真实盈余管理成本更高，为了实现特定的盈余目标，企业更愿意选择应计盈余管理而减少有损企业价值的真实盈余管理。

第8章

研究结论与政策建议

本章将对本书的研究成果进行归纳与总结，在此基础上对如何减少政治关联的负面作用提出政策建议，最后指出本书的局限性和未来可能的研究方向。

8.1 研究结论

中国自古以来的“官本位”思想和“关系”文化，决定了历朝历代的商人都非常注重与政府搞好关系。现如今，虽然伴随着市场经济改革的深入推进，我国政府已经逐步由全能型、政策型、管理型政府向有限型、法治型、服务型政府转变，但政府对企业的影响仍然存在，企业，尤其民营企业清楚地意识到与政府的良好关系对其发展仍然具有重要意义。因此，通过构建政治关联搭建政府关系平台成为许多民营企业的战略选择。国内外研究表明，民营企业通过构建政治关联确实可以在资源配置和产权保护等方面获得好处，并最终会影响到企业价值。然而，以往研究遵循的思路是“政治关联→资源配置/产权保护→民营企业价值”，而事实上，政治关联对资源配置、产权保护抑或企业价值产生影响，都离不开一个重要的中间变量——会计信息。原因在于，会计信息不仅是企业价值评估的重要参数，而且也是社会资源配置和企业产权界定的重要依据。而盈余管理又是影响会计信息质量的重要因素。综合以上，我们认为政治关联对企业价值影响的完整逻辑思路应该是“政治关联→盈余管理→会计信息质量→资源配置/产权保护→民营企业价值”。

因此，本书从这一逻辑思路的起点出发，研究政治关联对盈余管理的影响，对我们理顺政治关联通过影响资源配置/产权保护，进而影响企业价值的传递机制，无疑将具有重要的理论与现实意义。具体而言，本书在对国内外相关文献进行回顾的基础上，首先对中华人民共和国成立以来我国民营企业不同发展阶段的政策法规背景进行梳理，并对每个阶段民营企业基本发展情况以及政治关联状况进行研究；然后利用声誉理论、资源依赖理论，以及产权理论等理论体系系统研究政治关联对盈余管理的影响机制；进而深入分析民营企业政治关联的本质特征，综合考虑我国制度背景以及民营企业公司治理特征，在此基础上构建民营企业政治关联指数模型，用以度量政治关联的强度差异；在上述研究的基础上，利用我国深圳中小板民营上市公司2009～2012年间的经验数据，实证检验了政治关联对民营企业盈余管理程度以及方式的影响，并得出了以下主要研究结论：

（1）在我国民营企业发展的不同阶段，政治关联呈现出了不同的特点：在迅速萎缩阶段（1949～1956年），出现了最早的一批民营企业家通过政协会议参政议政，后来随着社会主义改造的推进，民营企业以及民营企业家消失殆尽，民营企业政治关联现象也不复存在；在曲折复苏阶段（1978～1991年），民营企业因改革开放逐渐复苏，但期间国家政策有反复，民营企业一般采用“戴红帽子”的方式进行自我保护；在快速扩展阶段（1992～2001年），民营企业快速发展，政治关联主要体现为“戴红帽”、官员下海，以及民营企业家通过参选人大代表、政协委员参政议政；在平稳发展阶段（2002年至今），民营企业平稳健康发展，政治关联主要体现为官员下海、民营企业家通过参选人大代表、政协委员以及党代表参政议政，很多民营企业家开始到各级党委、人大、政协任职。

（2）在深入分析已有文献的基础上，发现民营企业政治关联具有层级性、累加性以及时效性等本质特征，并指出以往度量方法的不足之处，在此基础上综合考虑我国制度背景以及民营企业公司治理特征构建政治关联指标体系，并借助层次分析法（AHP）和yaahp V6.0软件对各指标进行权重赋值，从而构建了一个民营企业政治关联指数模型，最后选择了2012年深圳中小板的10家具有政治关联的民营上市公司，应用构建的指数模型计算政治关联指数。结果显示，虽然这10家民营上市公司均具有政治关联，但各公司的政治关联指数存在显著差异，这说明政治关联确实存在强度差异，也进一步表明虚拟变量法、赋值法等传统方法无法有效度量政治关联的强度差异。

（3）利用我国深圳中小板民营上市公司2009～2011年间的经验数据，检验了政治关联对民营企业盈余管理程度的影响。研究结果表明，政治关联确实对盈余管理程度产生了正向影响，尤其在市场化程度较低的地区，政治关联对盈余管理程度的正向影响更为显著。具体而言：我国民营上市公司中政治关联现象比较普遍，而且相对于东部沿海地区，中西部地区政治关联现象更为普遍且强度更大；政治关联显著影响企业盈余管理程度，有政治关联的民营上市公司的盈余管理程度显著高于无政治关联的民营上市公司；政治关联具有强度差异，民营上市公司的政治关联强度越大，其盈余管理程度就越大；市场化程度对盈余管理有负向影响，但这种影响主要通过政治关联间接发挥作用，即市场化程度越低，民营上市公司的政治关联对盈余管理程度的影响越显著。

（4）利用我国深圳中小板民营上市公司2009～2012年间的经验数据，检验了政治关联对民营企业盈余管理方式的影响，验证了在政治关联的作用下，我国民营企业是否存在盈余管理方式的选择偏好。研究结果表明：民营企业政治关联强度越大，应计盈余管理程度越大，而销售性操控程度、生产性操控程度、费用性操控程度，以及真实盈余管理总程度越低。这说明我国民营上市公司确实存在盈余管理方式的选择偏好，在无政治关联情况下，尤其在市场程度较高的地区，民营上市公司实施应计盈余管理受到很多约束，因此更倾向于选择真实盈余管理；而在有政治关联的情况下，尤其在市场化程度较低的地区，民营上市公司实施盈余管理受到较少约束，因此更倾向于选择应计盈余管理。

8.2 政策建议

8.2.1 对政府部门的建议

在我国转型经济背景下，市场机制还不健全，政府仍然掌握着能源、土地、矿产、信息、人力等重要经济资源，仍然在行业准入、项目审批、优惠政策、产权界定等方面拥有自由裁量权。然而，政府配置资源的依据并非是经济性主从次序，而是体制性主从次序。因此，自改革开放以来，虽然民营企业经过 30 多年的发展，已经成为我国经济的重要支柱，并将在未来经济转型中承担更加重要的角色，但民营企业，还不能与国有企业、集体企业等量齐观，也无法与外资企业相提并论，民营企业由于处于体制性主从次序的末端，在市场竞争中始终处于弱势地位。在这样的外部环境下，民营企业为了获取资源和产权保护，构建政治关联便成为其重要的战略选择。

政治关联作为市场的一种非正式替代机制，虽然看似在一定程度上弥补了市场机制的不完善，但实际上可能会给市场带来很多问题：从微观层面来看，构建政治关联的民营企业更有可能进行盈余管理，从而降低了企业会计信息质量，而会计信息质量又是利益相关者进行投资决策的重要依据，在信息不对称的影响下，利益相关者很有可能据此做出错误判断，从而蒙受损失；从宏观层面来看，政治关联即便改善了一些民营企业的经营环境，但这并非源于市场机制的改善，因此事实上是进一步扭曲了市场竞争机制，破坏了市场的公平竞争原则，不仅可能导致其他民营企业经营环境的恶化，还有可能导致民营企业展开对“政治关联”这一稀缺性资源的竞相追逐，进而有可能滋生腐败问题，从而给市场经济带来更大的危害。

为了改变上述状况，我们认为当务之急是要进一步加快转变政府职能。而转变政府职能的关键是政府要“有所为，有所不为”，政府要厘清自己与市场的关系，要切实解决好“越位、缺位、错位”问题，使政府职能转到更好地维护社会公平正义，更好地创造发展环境，更好地提供公共服务上来。具体而言：①政府部门及其官员要以壮士断腕之决心，加快行政审批制度改革，进一步简政放权，切实减少对微观经济领域的随意性干预，尽快退出资源配置领域，还权于市场，让市场充分发挥在资源配置中的基础性作用；②政府部门还应该进一步完善法制环境，不仅要做到有法可依，更要做到有法必依；不仅要保证民营企业能够在公开、公平、公正的市场环境下参与市场竞争，更要切实保护好民营企业的产权，进一步打消民营企业的后顾之忧；③加大对“官商勾结”的惩罚力度，提高民营企业与政府及其官员的双向“寻租”成本，将政治关联置于法制的威慑和监督之下，有效防止腐败行为；④针对构建政治关联的民营企业更有可能实施盈余管理，会计信息的监管部门应通过颁布更为有效的强制性与自愿性相结合的会计信息披露制度，引导和督促民营企业为会计信息需求各方提供更加透明的高质量会计信息。

8.2.2 对民营企业的建议

在市场环境不够完善的情况下，民营企业更有动机通过构建政治关联提升自身的市场地位，以获取生存与发展所需的各种资源，以及希望能够对企业产权起到一定的保护作用。研究也同样表明，民营企业在构建政治关联之后，往往会采用“寻租”行为获取债务融资、政府补贴、市场准入、税收优惠，以及产权保护等方面的实惠。但民营企业构建政治关联是需要成本的，而这种成本代价还可能比较高昂。

具体而言，民营企业构建政治关联可能会承担以下风险和成本：①政府部门及其官员可能会出于政治目标或者个人利益需求，迫使民营企业承担较多的社会功能，例如，增加雇员规模以促进就业（梁莱歆等，2010）、扩张投资以促进地区 GDP 增长（连军等，2011）、慈善捐赠以促进公益事业发展（李四海，2010）等，这不仅极大地增加了企业财务负担，而且有可能偏离企业的最佳发展目标，导致企业陷入困境；②民营企业为了维护政治关联的稳定性，管理层需要花费大量的时间和精力维护与相关职能部门的关系，这不仅会大量增加企业的隐性成本，而且可能会导致企业主要领导者无法集中精力和时间用于企业的战略决策，从而错失发展机遇；③政治关联本身具有不稳定性，对于高度依赖于政治关联的民营企业而言，一旦由于某种原因失去政治关联的“庇护”（尤其是非正常原因），民营企业不仅无法继续获取政治关联产生的“租金”，甚至于因此陷入发展困境，这无疑是一种巨大的潜在风险和成本。

我们并不否认在当前市场还有待完善的背景下，民营企业为了求生存、促发展，政治关联在一定程度上确实能够起到积极作用。但对于民营企业而言，要始终保持一个理性的态度看待政治关联，具体而言，我们认为：①近年来，民营企业家贿选人大代表、政协委员的丑闻不断曝出，这一方面说明政治资源对于我国民营企业家的重要性，另一方面则说明部分民营企业家对参政议政还缺乏正确理解和认识；因此，我们建议民营企业家一定要树立正确的参政议政观，不能为谋一己私利、一时之利而全然不顾法律和道德底线，否则不仅无法为企业发展带来机遇，更有可能将企业推向万丈深渊；②民营企业要想发展壮大，须在合法的基础上合理利用政治关联。民营企业应该站在更高的战略层面，通过与政府沟通谋求对企业长远发展的政策支持，而不是为了一点蝇头小利或者眼前利益动不动就找政府帮忙；民营企业还要明白“打铁还需自身硬”的道理，要将主要精力投入到企业创新与发展上来，而不是利用政治关联制造出企业蓬勃发展的假象；③构建政治关联是需要成本的，企业的价值只有在政治关联的边际收益大于边际成本时才能够得到提升。因此，我们建议民营企业在构建政治关联之前，应该以企业的自身状况以及所处市场环境为基础，综合评估构建政治关联可能带来的收益和投入的成本，然后选择最有利于提升企业价值的政治策略；④针对构建政治关联的民营企业更有可能实施盈余管理行为，民营企业要充分认识到实施盈余管理可能带来的风险与成本（尤其是真实盈余管理）。因此，我们建议民营企业应站在长远发展的角度，进一步提升公司治理水平，完善“三会一层”相互制约机制，完善激励与约束机制，有效遏制盈余管理行为，为契约各方提供高质量的会计信息，从而树立诚信守法、永续经营的良好形象。

8.2.3　对其他契约方的建议

企业是一系列契约的结合体，契约方包括投资者、债权人、管理层、职工、顾客、供应商，以及政府部门等。契约各方以不同的方式为企业发展做出了贡献，自然也会有相应的利益诉求。而这些利益诉求又与企业的价值紧密相关。政治关联作为民营企业的一种重要战略选择，在一定程度上影响了企业价值。因此，契约各方在进行决策时，也会考虑到政治关联因素对企业价值的影响。但是相对于企业大股东、管理层以及政府部门，其他契约方一般处于弱势地位，对于企业构建政治关联的相关信息知之甚少，这在一定程度上干扰了他们的决策过程。

针对以上问题，我们向民营企业其他契约方提出以下建议：①在决策过程中要理性对待民营企业政治关联现象，不要盲目相信和过分夸大政治关联对于企业的积极作用，不要盲目认为具有政治关联的企业就是政府青睐的企业，而政府青睐的企业就一定是大有前途的企业；②要透过政治关联现象看本质，要结合民营企业行业特征以及所处地区市场环境综合评价其构建政治关联的必要性，要客观评估民营企业构建政治关联的成本与效益，以及自己是否能够分享政治关联产生的“租金”；③要多方位观测和分析企业会计信息质量，要警惕民营企业利用政治关联的“庇护”作用实施盈余管理活动，尤其要关注大股东和政府部门在政治关联的连接下，是否存在为满足各自利益利用盈余管理实施“掏空”企业的行为。

综上所述，通过以上建议措施，以期能够逐步降低我国民营企业对政治关联的依赖程度，这样民营企业才不会耗费大量的时间、精力和财力用于构建和维护政治关联，才能够专注于企业的发展；同时也希望契约各方能够对政治关联现象有一个理性认识，对政治关联的成本与效益有一个合理评估，为各自的决策提供可靠依据；也希望借此能够有效约束民营企业的盈余管理行为，提高民营企业的会计信息质量，进一步提高会计信息在资源配置中的作用。总之，希望能更好地保护契约各方的利益，促进我国民营企业和市场经济的健康有序发展。

8.3 局限性与研究展望

然而，本书的研究仍然属于尝试性的，加之时间、精力以及研究水平的局限，势必存在研究的不足，这些不足也将会成为未来深入研究的动力。本书研究的局限及未来可能的拓展方向如下：

（1）由于政治关联指标体系的构建带有一定的主观性，而层次分析法（AHP）本身也是一种主观赋值的方法，在此基础上构建的民营企业政治关联指数模型也难免带有一定的主观性。在未来的研究中，将结合我国制度背景，深入研究我国民营企业的公司治理特征以及政治关联本质特征，进一步完善政治关联指数模型，并探索更为有效的方法检验政治关联指数模型的精确性。

（2）本书研究的民营企业政治关联都是显性的，是容易被识别的。但现实中，除了显性政治关联外，还存在很多隐性政治关联，例如通过与政府官员的亲戚关系、朋友关系、同学关系或纯粹利益交换关系等构建的政治关联，这些政治关联都是非正式的、非公开的，是不易被识别的。因此，在未来研究中，要拓展民营企业政治关联信息搜集渠道，深入挖掘企业的隐性政治关联，进一步拓展政治关联的内涵边界。

（3）本书只对政治关联对民营企业盈余管理程度以及方式的影响进行了研究，限于篇幅未进一步研究政治关联对盈余管理产生影响的经济后果。在未来的研究中，将在本书研究基础上，按照“政治关联→盈余管理→会计信息质量→资源配置/产权保护→民营企业价值”这一逻辑传递机制，系统深入研究政治关联如何通过这一传递机制最终对民营企业价值产生影响。

参考文献

[1] 蔡地，万迪昉．民营企业家政治关联、政府干预与多元化经营［J］．当代经济科学，2009（6）：17－22.

[2] 曹越，伍中信．产权保护、公允价值与会计改革［J］．会计研究，2009（2）：28－33.

[3] 曾牧．企业政治关系、债务融资与非效率投资研究［D］．华中科技大学，2011.

[4] 曾昭铭，李欣忆，罗绍德．政治联系、盈余质量与风险定价——基于中国民营上市公司的经验证据［J］．北京工商大学学报（社会科学版），2012（2）：69－76.

[5] 陈小悦，肖星，过晓艳．配股权与上市公司利润操纵［J］．经济研究，2000（1）：30－36.

[6] 陈晓，戴翠玉．股亏损公司的盈余管理行为与手段研究［J］．中国会计评论，2004（2）：299－310.

[7] 陈信元，黄俊．政府干预、多元化经营与公司业绩［J］．管理世界，2007（1）：92－97.

[8] 程敏．盈余管理行为对并购溢价影响的实证研究［J］．中南财经政法大学学报，2009（1）：106－111.

[9] 代冰彬，陆正飞，张然．资产减值：稳健性还是盈余管理［J］．会计研究，2007（12）：35－42.

[10] 邓建平，曾勇．政治关联能改善民营企业的经营绩效吗？［J］．中国工业经济，2009（2）：98－108.

[11] 邓新明．我国民营企业政治关联、多元化战略与公司绩效［J］．南开管理评论，2011（4）：4－15.

[12] 杜兴强，杜颖洁．濒死体验、盈余管理、政治联系与朽而不倒——

基于ST、*ST、SL类民营上市公司的经验证据［J］. 山西财经大学学报，2010（7）：70－78.

［13］杜兴强，郭剑花，雷宇. 政治联系方式与民营上市公司业绩："政府干预"抑或"关系"［J］. 金融研究，2009（11）：158－173.

［14］杜兴强，雷宇，郭剑花. 政治联系、政治联系方式与民营上市公司的会计稳健性［J］. 中国工业经济，2009（7）：87－97.

［15］杜兴强，周泽将，杜颖洁. 政府官员类政治联系、参政议政与盈余管理［J］. 会计与经济研究，2012（1）：15－23.

［16］杜兴强，周泽将，修宗峰. 政治联系与会计稳健性：基于中国民营上市公司的经验证据［J］. 经济管理，2009（7）：115－121.

［17］樊纲，王小鲁，朱恒鹏. 中国市场化指数：各地区市场化相对进程2011年报告［M］. 北京：经济科学出版社，2011.

［18］费显政. 资源依赖学派之组织与环境关系理论评介［J］. 武汉大学学报（哲学社会科学版），2005（7）：451－455.

［19］郝项超，张宏亮. 政治关联关系、官员背景及其对民营企业银行贷款的影响［J］. 财贸经济，2011（4）：55－61.

［20］何靖. 政治关系、金融发展和民营信贷成本歧视［J］. 山西财经大学学报，2011（6）：36－45.

［21］何问陶，倪全宏. 中国上市公司MBO前一年盈余管理实证研究［J］. 会计研究，2005（6）：58－64.

［22］胡旭阳，史晋川. 民营企业的政治资源与民营企业多元化投资——以中国民营企业500强为例［J］. 中国工业经济，2008（4）：5－14.

［23］胡旭阳. 民营企业的政治关联及其经济效应分析［J］. 经济理论与经济管理，2010（2）：74－79.

［24］胡旭阳. 民营企业家的政治身份与民营企业的融资便利——以浙江省民营百强企业为例［J］. 管理世界，2006（5）：107－113.

［25］胡永平，张宗益. 高管的政治关联与公司绩效——基于国有电力生产上市公司的经验研究［J］. 中国软科学，2009（6）：128－137.

［26］黄孟复. 中国民营经济史纪事本末［M］. 中华工商联合出版社，2010.

［27］黄新建，段克润. 中国上市公司并购与盈余管理实证研究［J］. 软

科学，2007（6）：66－69.

［28］杰弗里・菲佛，杰勒尔德・R・萨兰基克．组织的外部控制——对组织资源依赖的分析［M］．北京：东方出版社，2006.

［29］科塔里，利斯，斯金纳．当代会计研究综述与评论［M］．北京：中国人民大学出版社，2009.

［30］雷光勇，李书锋，王秀娟．政治关联、审计师选择与公司价值［J］．管理世界，2009（7）：145－155.

［31］李彬，张俊瑞．实际活动盈余管理的经济后果研究：来自销售操控的证据［J］．管理评论，2010（9）：84－92.

［32］李彬，张俊瑞，曾振．实际活动操控、应计项目操控与会计弹性［J］．管理评论，2011（11）：160－168.

［33］李彬，张俊瑞，郭慧婷．会计弹性与真实活动操控的盈余管理关系研究［J］．管理评论，2009（6）：99－107.

［34］李淑锦，卢瑞琼．基于修正琼斯模型的盈余管理实证检验［J］．杭州电子科技大学学报（社会科学版），2010（1）：11－15.

［35］李四海．制度环境、政治关系与企业捐赠［J］．中国会计评论，2010（2）：161－178.

［36］李维安，邱艾超．民营企业治理转型、政治联系与公司业绩［J］．管理科学，2010（8）：2－14.

［37］李维安．公司治理学［M］．北京：高等教育出版社，2009.

［38］李延喜，包世泽，高锐，孔宪京．薪酬激励、董事会监管与上市公司盈余管理［J］．南开管理评论，2007（6）：55－61.

［39］李延喜，吴笛，肖峰雷，姚宏．声誉理论研究述评［J］．管理评论，2010（10）：3－11.

［40］李增福，董志强，连玉君．应计项目盈余管理还是真实活动盈余管理［J］．管理世界，2011（1）：121－134.

［41］李增福，郑友环．避税动因的盈余管理方式比较——基于应计项目操控和真实活动操控的研究［J］．财经研究，2010（6）：80－89.

［42］连军．政治联系、市场化进程与权益资本成本——来自中国民营上市公司的经验证据［J］．经济与管理研究，2012（2）：32－39.

［43］梁莱歆，冯延超．民营企业政治关联、雇员规模与薪酬成本［J］．

中国工业经济，2010（10）：127－137.

［44］林舒，魏明海．中国A股发行公司首次公开募股过程中的盈利管理［J］．中国会计与财务研究，2000（2）：87－108.

［45］刘永泽，张多蕾，唐大鹏．市场化程度、政治关联与盈余管理——基于深圳中小板民营上市公司的实证研究［J］．审计与经济研究，2013（2）：49－58.

［46］陆建桥．中国亏损上市公司盈余管理实证研究［J］．会计研究，1999（9）：25－35.

［47］陆正飞，魏涛．配股后业绩下降：盈余管理后果与真实业绩滑坡［J］．会计研究，2006（8）：52－59.

［48］罗党论，刘晓龙．政治关系、进入壁垒与企业绩效——来自中国民营上市公司的经验证据［J］．管理世界，2009（5）：97－106.

［49］罗党论，唐清泉．政治关系、社会资本与政策资源获取：来自中国民营上市公司的经验证据［J］．世界经济，2009（7）：84－96.

［50］罗党论，甄丽明．民营控制、政治关系与企业融资约束——基于中国民营上市公司的经验证据［J］．金融研究，2008（12）：164－178.

［51］马迎贤．组织间关系：资源依赖视角的研究综述［J］．社会，2004（7）：33－38.

［52］毛洪涛，沈鹏．我国上市公司CFO薪酬与盈余质量的相关性研究［J］．南开管理评论，2009（5）：82－93.

［53］宁亚平．盈余管理的定义及其意义研究［J］．会计研究，2004（9）：62－66.

［54］潘岗，戴玉庆．宪法关注着私营企业的命运［N］．人民日报，1988－03－30.

［55］潘红波，余明桂．政治关系、控股股东利益输送与民营企业绩效［J］．南开管理评论，2010（4）：14－27.

［56］潘越，戴亦一，李财喜．政治关联与财务困境公司的政府补助——来自中国ST公司的经验证据［J］．南开管理评论，2009（5）：6－17.

［57］宋文阁，荣华旭．股权激励、制度环境与盈余管理——基于上市公司数据的实证分析［J］．经济经纬，2012（3）：90－94.

［58］孙光国，莫冬燕．资产减值新政：遏制了还是转变了盈余管理方式

[J]. 财经问题研究, 2010 (12): 80-85.

[59] 唐英凯, 曹麒麟, 周静. 法律环境、政治关系与家族企业价值: 基于法与金融的实证研究 [J]. 软科学, 2011 (6): 86-91.

[60] 王凤翔, 陈柳钦. 地方政府为本地竞争性企业提供财政补贴的理性思考 [J]. 经济研究参考, 2006 (33): 18-23.

[61] 王素荣, 高静. 税率变动与企业盈余管理研究——来自中国上市公司的经验证据 [J]. 上海财经大学学报, 2011 (2): 55-61.

[62] 王亚平, 吴联生, 白云霞. 中国上市公司盈余管理的频率与幅度 [J]. 经济研究, 2005 (12): 102-112.

[63] 王跃堂, 王亮亮, 贡彩萍. 所得税改革、盈余管理及其经济后果 [J]. 经济研究, 2009 (3): 86-98.

[64] 魏明海. 盈余管理基本理论及其研究述评 [J]. 会计研究, 2000 (9): 37-42.

[65] 巫景飞, 何大军, 林暐, 王云. 高层管理者政治网络与企业多元化战略: 社会资本视角——基于我国上市公司面板数据的实证分析 [J]. 管理世界, 2008 (8): 107-115.

[66] 吴联生. 盈余管理、政治关联与公司税负 [J]. 会计论坛, 2010 (1): 3-16.

[67] 吴文峰, 吴冲锋, 芮萌. 中国上市公司高管的政府背景与税收优惠 [J]. 管理世界, 2009 (3): 134-142.

[68] 徐来. 论实际控制人控制的本质 [J]. 金融与经济, 2012 (4): 47-51.

[69] 许小年. 中国经济的转型与产权保护 [J]. 新金融, 2012 (6): 11-13.

[70] 杨蓓, 张俊瑞. 连锁董事、审计师选择与盈余管理 [J]. 山西财经大学学报, 2011 (12): 117-124.

[71] 杨其静, 杨继东. 政治联系、市场力量与工资差异——基于政府补贴的视角 [J]. 中国人民大学学报, 2010 (2): 69-77.

[72] 杨炎杰, 官月缎. 客户重要性与非审计服务是否影响审计品质? Enron 后的观察 [J]. 会计评论, 2006 (7): 27-61.

[73] 易玄, 谢志明, 唐剑丽. 制度环境、政治关系与会计信息质量——

来自中国民营上市公司的检验［J］. 财经理论与实践，2012（1）：49－54.

［74］余明桂，回雅甫，潘红波. 政治联系、寻租与地方政府财政补贴有效性［J］. 经济研究，2010（3）：65－77.

［75］余明桂，潘红波. 政治关系、制度环境与民营企业银行贷款［J］. 管理世界，2008（8）：9－21.

［76］余玉苗，史伟. 市场化进程、政企关系和盈余管理［J］. 会计论坛，2009（1）：12－24.

［77］张敏，黄继承. 政治关联、多元化与企业风险——来自我国证券市场的经验证据［J］. 管理世界，2009（7）：56－64.

［78］张荣武，伍中信. 产权保护、公允价值与会计稳健性［J］. 会计研究，2010（1）：28－34.

［79］张昕. 中国亏损上市公司第四季度盈余管理的实证研究［J］. 会计研究，2008（4）：25－32.

［80］张兆国，曾牧，刘永丽. 政治关系、债务融资与企业投资行为——来自我国上市公司的经验证据［J］. 中国软科学，2011（5）：106－121.

［81］张志华. 诺思产权制度研究的三个阶段及对中国社会转型阶段产权制度研究的启示［J］. 制度经济学研究，2013（1）：176－211.

［82］张子余，张天西. "激进的收入确认"抑或"真实的销售操控"［J］. 广东金融学院学报，2011（2）：26－34.

［83］赵春光. 资产减值与盈余管理——论《资产减值》准则的政策含义［J］. 会计研究，2006（3）：11－17.

［84］赵景文，许育瑜. 两税合并、税收筹划与盈余管理方式选择［J］. 财经研究，2012（1）：135－144.

［85］郑军，林钟高，彭琳，章铁生. 政治关系能实现审计意见购买吗？——基于投资者保护视角的检验［J］. 财经研究，2010（11）：104－112.

［86］朱星文，蔡吉甫，谢盛纹. 公司治理、盈余质量与经理报酬研究——来自中国上市公司数据的检验［J］. 南开管理评论，2008（2）：28－33.

［87］Adhikari, A., Derashid, C., Zhang, H., 2006, "Public Policy, Political Connections, and Effective Tax Rates: Longitudinal Evidence from Malaysia", Journal of Accounting and Public Policy, 25 (5), pp. 574－595.

［88］Baker, T. A., 1999, "Options reporting and the political costs of CEO pay", Journal of Accounting, Auditing & Finance, 14 (2), pp. 125 - 145.

[89] Baker, W. E., 1990, "Market Networks and Corporate Behaviorl", American Journal of Sociology, 96, pp. 589 - 625.

[90] Bange, M. M., DeBondt, W. F. M., 1998, "R&D budgets and corporate earnings targets", Journal of Corporate Finance, 4 (2), pp. 153 - 184.

[91] Bartov E., 1993, "The Timing of Asset Sales and Earnings Manipulation", The Accounting Review, 68 (4), pp. 840 - 855.

[92] Beaver, W. H., McNichols, M. F., 1998, "The characteristics and valuation of loss reserves of property casualty insurers", Review of Accounting Studies, 3, pp. 73 - 95.

[93] Becker, C., Defond, M., Jiambalvo, J., 1998, "The Effect of Audit Quality on Earnings Management", Contemporary Accounting Research, 15, pp. 1 - 21.

[94] Bernard, V. L., Thomas, J. K., 1990, "Evidence that stock prices do not fully reflect the implications of current earnings for future earnings", Journal of Accounting and Economics, 13 (4), pp. 305 - 340.

[95] Bertrand, M., Kramaraz, F., Schoar, A., Thesmar, D., 2007, "Politicians, Firms and the Political Business Cycle: Evidence from France", Working Paper.

[96] Biddle, G. C., Lindahl, F. W., 1982, "Stock price reactions to LIFO adoptions: The association between excess returns and LIFO tax savings", Journal of Accounting Research, 20 (2), pp. 551 - 588.

[97] Boubakri, M., Cosset, J., Saffar, W., 2008, "PoliticalConnections of Newly Privatized Firms", Journal of Corporate Finance, 14 (5), pp. 654 - 673.

[98] Boynton, C. E, Dobbins, P. S., Plesko, G. A., 1992, "Earnings Management and the Corporate Alternative Minimum Tax", Journal of Accounting Research, 30 (Supplement), pp. 131 - 153.

[99] Burgstahler, D., Dichev, I., 1997, "Earnings management to avoid earnings decreases and losses", Journal of Accounting and Economics, 24 (1), pp. 99 - 126.

[100] Burt, R. S., 1983, "Corporate profits and cooptation: Networks of

market constraints and directorate ties in the American economy", New York: Academic Press.

[101] Bushman, R. M., Piotroski, J. D., 2006, "Financial reporting incentives for conservative accounting: The influence of legal and political institutions", Journal of Accounting and Economics, 42, pp. 107 – 148.

[102] Cahan, S. F., 1992, "The Effect of Antitrust Investigations on Discretionary Accruals: A Refined Test of the Political – Cost Hypothesis", The Accounting Review, 67 (1), pp. 77 – 95.

[103] Cahan, S. F., Chavis, B. M., Elmendorf R. G., 1997, "Earnings management of chemical firms in response to political costs from environmental legislation", Journal of Accounting, Auditing & Finance, 12 (1), pp. 37 – 65.

[104] Cass, A. R., 2003, "Property rights systems and the rule of law", Working Paper.

[105] Chaney, P. K., Faccio, M., Parsley, D., 2011, "The quality of accounting information in politically connected firms", Journal of Accounting and Economics, 51 (1 – 2), pp. 58 – 76.

[106] Chen, C., Li, Z., Su, X., 2005, "Rent Seeking Incentives, Political Connections and Organizational Structure: Empirical Evidence from Listed Family Firms in China", Working Paper.

[107] Chen, K. C. W., Yuan, H., 2004, "Earnings management and capital resource allocation: Evidence from China's accounting-based regulation of rights issues", The Accounting Review, 79 (3), pp. 645 – 665.

[108] Cheng, S., 2004, "R&D expenditures and CEO compensation", The Accounting Review, 79 (2), pp. 305 – 328.

[109] Clarkson, P., Guedes, J., Thompson, R., 1996, "On the diversification, observability, and measurement of estimation risk", Journal of Financial and Quantitative Analysis, 31, pp. 69 – 84.

[110] Cohen, D., Zarowin, P., 2010, "Accrual-based and real earnings management activities around seasoned equity offerings", Journal of Accounting and Economics, 50, pp. 2 – 19.

[111] Cohen, D. A., Dey, A., Lys, T. Z., 2008, "Real and accrual-

based earnings management in the pre-and post – Sarbanes – Oxley periods", The Accounting Review, 83 (3), pp. 757 – 787.

[112] Collins, J. H., Shackelford, D. A., Wahlen, J. M., 1995, "Bank differences in the coordination of regulatory capital, earnings and taxes", Journal of Accounting Research, 33 (2), pp. 263 – 291.

[113] Craig, R., Walsh, P., 1989, "Adjustments For 'Extraordinary Items' In Smoothing Reported Profits of Listed Australian Companies: Some Empirical Evidence", Journal of Business Finance & Accounting, 16 (2), pp. 229 – 245.

[114] Cushing, B. E., LeClere, M. J., 1992, "Evidence on the Determinants of Inventory Accounting Policy Choice", The Accounting Review, 67 (2), pp. 355 – 366.

[115] DeAngelo, L. E., 1986, "Accounting Numbers as Market Valuation Substitutes: A Study of Management Buyouts of Public Stockholders", The Accounting Review, 61 (3), pp. 400 – 420.

[116] Dechow, P. M., Kothari, S. P., Watts, R. L., 1998, "The relation between earnings and cash flows", Journal of Accounting and Economics, 25 (2), pp. 133 – 168.

[117] Dechow, P. M., Hutton A. P., Kim J. H., Sloan R. G., 2012, "Detecting Earnings Management: A New Approach", Journal of Accounting Research, 50 (2), pp. 275 – 334.

[118] Dechow, P. M., Sloan, R. G., 1991, "Executive incentives and the horizon problem: An empirical investigation", Journal of Accounting and Economics, 14 (1), pp. 51 – 89.

[119] Dechow, P. M., Sloan, R. G., Sweeney, A. P., 1995, "Detecting Earnings Management", The Accounting Review, 70 (2), pp. 193 – 225.

[120] DeFond, M., Jiambalvo, J., 1993, "Factors Related to Auditor – Client Disagreements over Income – Increasing Accounting Methods", Contemporary Accounting Research, 9, pp. 415 – 432.

[121] DeFond, M., Jiambalvo J., 1994, "Debt covenant violation and manipulation of accruals", Journal of Accounting and Economics, 17 (1 – 2), pp. 145 – 176.

[122] Degeorge, F., Patel, J., Zeckhauser, R., 1999, "Earnings Management to Exceed Thresholds", The Journal of Business, 72 (1), pp. 1 -33.

[123] Dopuch, N., Pincus, M., 1988, "Evidence on the Choice of Inventory Accounting Methods: LIFO Versus FIFO", Journal of Accounting Research, 26 (1), pp. 28 -59.

[124] Driscoll, J. C., Kraay, A. C., 1998, "Consistent covariance matrix estimation with spatially dependent panel data", Review of Economics and Statistics, 80 (4), pp. 549 -560.

[125] DuCharme, L. L., Malatesta, P. H., Sefcik, S. E., 2004, "Earnings management, stock issues, and shareholder lawsuits", Journal of Financial Economics, 71 (1), pp. 27 -49.

[126] Easley, D., S. Hvidkjaer, M. O'Hara. 2002, "Is information risk a determinant of asset returns", Journal of Finance, 57, pp. 2185 -2221.

[127] Erickson, M., Hanlon, M., Maydew, E. L., 2004, "How Much Will Firms Pay for Earnings That Do Not Exist? Evidence of Taxes Paid on Allegedly Fraudulent Earnings", The Accounting Review, 79 (2), pp. 387 -408.

[128] Ewert, R., Wagenhofer, A., 2005, "Economic effects of tightening accounting standards to restrict earnings management", The Accounting Review, 80, pp. 1101 -1124.

[129] Faccio, M., 2006, "Politically Connected Firms", American Economic Review, 96 (2), pp. 369 -386.

[130] Faccio, M., 2007, "The Characteristics of Politically Connected Firms", Working Paper.

[131] Faccio, M., 2010, "Differences between Politically Connected and Non-connected Firms: A Cross - Country Analysis", Financial Management, 39 (3), pp. 905 -927.

[132] Faccio, M., 2002, "Politically - Connected Firms: Can They Squeeze the State", Working Paper.

[133] Fan, J., Wong, T., Zhang, T., 2007, "Politically-connected CEOs, Corporate Governance, and Post - IPO Performance of China's Newly Partially Privatized Firms", Journal of Financial Economics, 84 (2), pp. 330 -357.

[134] Ferguson, T., Voth H., 2008, "Betting on Hitler: The Value of Political Connections in Nazi Germany", Quarterly Journal of Economics, 123 (1), pp. 101 – 137.

[135] Feroz, E. H., Park, K. J., Pastena, V., 1991, "The Financial and Market Effects of the SEC's Accounting and Auditing Enforcement Releases", Journal of Accounting Research, 29, pp. 107 – 142.

[136] Fisman, R., 2001, "Estimating the Value of Political Connections", The American Economic Review, 91 (4), pp. 1095 – 1102.

[137] Fombrunl, C., Shanley, M., 1990, "What's in a Name? Reputation Building and Corporate Strategy", Academy of management Journal, 33 (2), pp. 233 – 258.

[138] Francis, B. B., Hasan, I., Sun X., 2009, "Political Connections and the Process of Going Public: Evidence from China", Journal of International Money and Finance, 28 (4), pp. 696 – 719.

[139] Goldman, E., Rocholl, J., So J., 2009, "Do Politically Connected Boards Affect Firm Value", Review of Financial Studies, 22 (6), pp. 2331 – 2360.

[140] Goldman, E., Rocholl, J., So, J., 2006, "Does Political Connectedness Affect Firm Value", University of North Carolinaat Chapel Hill.

[141] Graham, J., Harvey, C., Rajgopal, S., 2005, "The economic implications of corporate financial reporting", Journal of Accounting and Economics, 40, pp. 3 – 73.

[142] Gray, E. R., Balmer, J. M. T., 1998, "Managing Corporate Image and Corporate Reputation", Long Range Planning, 31 (5), pp. 695 – 702.

[143] Guenther, D. A., 1994, "Earnings management in response to corporate tax rate changes: Evidence from the 1986 Tax Reform Act", Accounting Review, 69, pp. 230 – 243.

[144] Gunny, K. A., 2005, "What are the consequences of real earnings management", University of California.

[145] Gunny, K. A., 2010, "The Relation Between Earnings Management Using Real Activities Manipulation and Future Performance: Evidence from Meeting

Earnings Benchmarks", Contemporary Accounting Research, 27 (3), pp. 855 - 888.

[146] Hall, S. C., 1993, "Political scrutiny and earnings management in the oil refining industry", Journal of Accounting and Public Policy, 12 (4), pp. 325 - 351.

[147] Harris, D. G., 1993, "The Impact of U. S. Tax Law Revision on Multinational Corporations Capital Location and Income - Shifting Decisions", Journal of Accounting Research, 31, pp. 111 - 140.

[148] Hayn, C., 1995, "The information content of losses", Journal of Accounting and Economics, 20 (2), pp. 125 - 153.

[149] Healy, P., 1985, "The effect of bonus schemes on accounting decisions", Journal of Accounting and Economics, 7, pp. 85 - 107.

[150] Healy, P., Wahlen, J. M., 1999, "A Review of the Earnings Management Literature and Its Implications for Standard Setting", Accounting Horizons, 13 (4), pp. 365 - 383.

[151] Holmstrom, B., 1982, "Moral Hazard in Team", Bell Journal of Economic, 13 (2), pp. 324 - 340.

[152] Holmstrom, B., 1999, "Managerial Incentive Problems: A Dynamic Perspective", Review of Economic Studies, 66 (1), pp. 169 - 182.

[153] Huang, Y., 2003, "Selling China; Foreign Direct Investment during the Reform Era", Cambridge: Cambridge University Press.

[154] Jackson, S. B., Wilcox, W. E., 2000, "Do managers grant sales price reductions to avoid losses and declines in earnings and sales?" Quarterly Journal of Business and Econom, 39 (4), pp. 3 - 20.

[155] Jayachandran, S., 2006, "The Jeffords Effect", Journal of Law and Economics, 49 (2), pp. 397 - 426.

[156] Jerry, C. Y., Han, Shiing, W. W., 1998, "Political Costs and Earnings Management of Oil Companies during the 1990 Persian Gulf Crisis", The Accounting Review, 73 (1), pp. 103 - 117.

[157] Johnson, S., McMillan, J., Woodruff, C., 2002, "Property Rights and Finance", American Economic Review, 22, pp. 1335 - 1356.

[158] Johnson, S., Mitton, T., 2003, "Cronyism and Capital Controls: Evidence from Malaysia", Journal of Financial Economics, 67 (2), pp. 351 - 382.

[159] Jones, J., 1991, "Earnings Management during Import Relief Investigations", Journal of Accounting Research, 29 (2), pp. 193 - 228.

[160] Key, K. G., 1997, "Political cost incentives for earnings management in the cable television industry", Journal of Accounting and Economics, 23 (3), pp. 309 - 337.

[161] Khwaja, A., Mian, A., 2005, "Do Lenders Favor Politically Connected Firms? Rent Provision in an Emerging Financial Market", Quarterly Journal of Economics, 120 (4), pp. 401 - 411.

[162] Kreps, D. M, Milgrom, P., Roberts, J., Wilson, R., 1982, "Rational Cooperation in the Finitely Repeated Prisoners' Dilemma", Journal of Economic Theory, 27 (2), pp. 245 - 252.

[163] Kreps, D. M., Wilson R., 1982, "Reputation and imperfect information", Journal of Economic Theory, 27 (2), pp. 253 - 279.

[164] Levitt, A., 1998, "The numbers game", The CPA Journal, 68 (12), pp. 14 - 19.

[165] Li, H., Meng, L., Wang, Q., Zhou, L., 2008, "Political Connections, Financing and Firm Performance: Evidence from Chinese Private Firms", Journal of Development Economics, 87 (2), pp. 283 - 299.

[166] Louis, H., 2004, "Earnings management and the market performance of acquiring firms", Journal of Financial Economics, 74 (1), pp. 121 - 148.

[167] Matsuura, S., 2008, "On the relation between realearnings management and accounting earnings management: Income smoothing perspective", Journal of International Business Research, 7, pp. 63 - 77.

[168] McMillan, J., Woodruff, C., 2002, "The Central Role of Entrepreneurs in Transition Economies", Journal of Economic Perspectives, 16 (3), pp. 153 - 170.

[169] McNichols, M., Wilson, G. P., 1988, "Evidence of Earnings Management from the Provision for Bad Debts", Journal of Accounting Research, 26,

pp. 1 – 31.

[170] Milgrom, P., Roberts, J., 1982, "Price and advertising signals of product quality", Journal of Economic Theory, 27, pp. 280 – 312.

[171] Mills, L. F., Newberry, K. J., 2001, "The influence of tax and non-tax costs on book-tax reporting differences: public and private firms", Journal of the American Taxation Association, 23 (1), pp. 1 – 19.

[172] Monem, R. M., 2003, "Earnings Management in Response to the Introduction of the Australian Gold Tax", Contemporary Accounting Research, 20 (4), pp. 747 – 774.

[173] North, D., 1 994, "Economic Performance Through Time", American Economic Review, 84 (3), pp. 359 – 368.

[174] Perry, S. E., Williams, T. H., 1994, "Earnings management preceding management buyout offers", Journal of Accounting and Economics, 18 (2), pp. 157 – 179.

[175] Pfeffer, J., Salancik, G. R., 1978, "The External Control of Organizations: A Resource Dependence Perspective", New York: Harper and Row.

[176] Roychowdhury, S., 2006, "Earnings management through real activities manipulation", Journal of Accounting and Economics, 42 (3), pp. 335 – 370.

[177] Sapienza, Paola, 2004, "The Effects of Government Ownership on Bank Lending", Journal of Financial Economics, 72 (2), pp. 357 – 384.

[178] Schipper, K., 1989, "Commentary on earnings management", Accounting Horizons, 3 (4), pp. 91 – 102.

[179] Selznick, P., 1949, "TVA and the grass roots: A study of politics and organization", University of California Press.

[180] Shleifer, A., Vishny, R. W., 1994, "Politicians and Firms", Quarterly Journal of Economics, 109, pp. 995 – 1025.

[181] Sweeney, A. P., 1994, "Debt – Covenant Violations and Managers Accounting Responses", Journal of Accounting and Economics, 17 (3), pp. 281 – 308.

[182] Tadelis, S., 1999, "What's in a Name? Reputation as a Tradeable Asset", The American Economic Review, 89 (3), pp. 548 – 563.

[183] Teoh, S. H., Wong T. J., 1993, "Perceived Auditor Quality and the

Earnings Response Coefficient", The Accounting Review, 68, pp. 346 - 366.

[184] Teoh, S. H., Welch, I., Wong, T. J., 1998, "Earnings management and the underperformance of seasoned equity offerings", Journal of Financial Economics, 50 (1), pp. 63 - 99.

[185] Thompson, J. D., 1967, "Organizations in Action", New York: McGraw - Hill.

[186] Thompson, J. D., McEwen, W. J., 1958, "Organizational goals and environment: Goal-setting as an interaction process", American Sociological Review, 23 (1), pp. 23 - 31.

[187] Watts, R. L., Zimmenerman, J. L., 1990, "Positive accounting theory: a ten year perspective", The Accounting Review, 65, pp. 131 - 156.

[188] Zald, M. N., 1970, "Power in organizations", Nashville: Vanderbilt University Press.

[189] Zang, A. Y., 2012, "Evidence on the trade-off between real activities manipulation and accrual-based earnings management", The Accounting Review, 87 (2), pp. 675 - 703.

后　记

光阴荏苒，日月如梭，转眼之间，在东财学习、生活已近三载。在博士论文即将落笔之际，万千的思绪萦回环绕，不尽的感恩泉涌心间。

首先，感谢我的博士生导师刘永泽教授。恩师为人襟怀磊落、海纳百川；为师兢兢业业、诲人不倦；治学一丝不苟、孜孜不倦。恩师做人、做事、做学问的态度犹如我人生中的灯塔，指引着我的前进方向，让我受益终身。

其次，感谢我的硕士生导师卢太平教授。恩师不仅为人豁达、治学严谨，而且对学生爱护有加。在我每一次遇到困难之时，恩师都会给予耐心指点和无私帮助，让我少走了很多弯路。

此外，我还要感谢东财会计学院方红星教授、刘明辉教授、陈国辉教授、张先治教授、刘淑莲教授、万寿义教授、陈艳教授、王满教授、池国华教授对我的谆谆教诲和循循善诱。

感谢我的同门师兄姜欣教授、孙光国教授、张盛勇博士、翟胜宝副教授、唐大鹏博士、王珏博士，师姐韩玲博士，师弟高嵩博士、况玉书博士，以及师妹王汇华博士对我的支持和帮助。

感谢我多年的挚友、师兄王治副教授，以及硕士期间的师弟程一江、杨方对我长期以来的关心和帮助。感谢我的好友周经博士、丁平博士、盛先科老师、夏冬泓老师、华斌老师，以及安徽财经大学会计学院所有同事在我读博期间给予的关照。

同时，我还要感谢我的同学苏明政博士、周煜皓博士、李坤榕博士、王军博士、王谨乐博士、孙杨博士、张亚洲博士、李井林博士、杨超博士、刘丹博士、赵存丽博士、许娟娟博士、刘鼎嵋博士、孙冀萍博士、郑鹏博士、徐海峰博士、张海君博士、邵春梅博士、王爱君博士、李欣博士，以及我的好友刘大亨先生，因为他们，我的博士生活更加丰富多彩。

最后，感谢我的家人，尤其是我的爱人孟华婷女士，是他们的宽容和无私奉献，让我在求学路上无后顾之忧。特别感谢我的儿子张晋恺小朋友，在我写作最困难时期，他的到来让我顿感阳光普照、春暖花开。

博士论文是对博士生涯的阶段性总结，总结并不是终点而是新的起点，我将铭记“博学济世”的东财校训，承载着老师、同学、朋友和家人的殷殷期盼，向新的人生目标奋进。

张多蕾

2014 年 6 月于东财梁园